Die häufigsten Konfliktfälle in der Kita

Rechtliche Lösungen für ein gutes Miteinander

Anna Müller-Kabisch

1. Auflage 2018

D1665315

Carl Link

Bibliographische Information der Deutschen Nationalbibliothek
Die Deutsche Nationalbibliothek verzeichnet diese Publikation in der Deutschen Nationalbibliografie; detaillierte bibliografische Daten sind im Internet über http://dnb.d-nb.de abrufbar.

ISBN 978-3-556-07381-0

www.wolterskluwer.de
www.kita-aktuell.de

Umschlagkonzeption: Martina Busch, Grafikdesign, Homburg-Kirrberg
Umschlagbild: © pathdoc/fotolia.de
Satz: MainTypo, Reutlingen
Druck und Weiterverarbeitung: Williams Lea & Tag GmbH, München

Gedruckt auf säurefreiem, alterungsbeständigem und chlorfreiem Papier.

Inhaltsverzeichnis

Teil II
Konflikte aus dem Kitaalltag mit Bewerberinnen und
Mitarbeiterinnen 65

Einleitung

Konflikte zwischen pädagogischem Personal und Eltern oder anderen Akteuren wie Dienstleistern und Behörden spielen eine zunehmend große Rolle im Alltag des pädagogischen Personals in Kindertageseinrichtungen. Häufige Konfliktfelder sind dabei Fragen rund um das Thema Aufsichtspflicht bzw. die Haftung, Fragen betreffend die Regelungen des abgeschlossenen Betreuungsvertrages und Fragen rund um das Thema Datenschutz. Auch Konflikte innerhalb des Teams sowie die Zusammenarbeit mit unterschiedlichen Behörden können Konfliktpotential beinhalten.

Das Buch richtet sich an das pädagogische Personal in Kindertageseinrichtungen. Anhand von einfach gestalteten Praxisfällen werden mögliche Konfliktfälle aus dem Kitaalltag aufgezeigt und deren rechtliche Lösung leicht und verständlich dargestellt. Weiterhin enthält das Buch nützliche Tipps, Hinweise zur aktuellen Rechtsprechung und Mustervorlagen zu unterschiedlichen Themen. Im Anhang des Buches befinden sich die §§, auf die im Buch verwiesen wird. So besteht stets die Möglichkeit, auch ohne das Vorliegen des einschlägigen Gesetzestextes, die relevanten §§ zu lesen.

Teil 1
Konflikte aus dem Kitaalltag
mit Eltern

1 Gemeinsames Sorgerecht: Mutter will den Betreuungsvertrag wegen Trennung alleine unterzeichnen

Eine Mutter kommt in die Kindertageseinrichtung und möchte die kleine Clara für das kommende Kitajahr in der Einrichtung anmelden. Für Clara besteht gemeinsames Sorgerecht mit dem Ex-Mann. Dieser wohnt seit geraumer Zeit in einer anderen Stadt, es besteht lediglich Kontakt per E-Mail zu ihm. Die Mutter besteht darauf, den Vertrag alleine zu unterzeichnen. Sie geht davon aus, dass ihr Ex-Mann den Vertag ohnehin nicht unterzeichnen wird, da er keine rechtlichen Verpflichtungen eingehen möchte. Die Kitaleitung teilt der Mutter mit, dass stets die Unterzeichnung des Vertrages durch beide Sorgeberechtigten erforderlich ist. Die Mutter ist empört über diese Aussage. Sie weiß nicht, wie sie an die Unterschrift ihres Ex-Mannes kommt und befürchtet nun, dass sie Clara nicht im Kindergarten anmelden kann.

Lösung

Eltern, die nicht nur vorübergehend getrennt leben und das gemeinsame Sorgerecht für ihre Kinder haben, müssen in Angelegenheiten, deren Regelung für das Kind von erheblicher Bedeutung ist, eine gemeinsame Entscheidung treffen, § 1687 Abs. 1 BGB.[1] Grundsätzlich gilt aber, dass der Elternteil, bei dem sich das Kind mit Einwilligung des anderen Elternteils gewöhnlich aufhält, die Befugnis hat, in Angelegenheiten des täglichen Lebens allein zu entscheiden. Angelegenheiten von erheblicher Bedeutung sind solche, die für die weitere Entwicklung des Kindes von erheblicher Bedeutung sind. Das OLG Brandenburg hat für die Frage des Besuches und der Auswahl einer Kindertageseinrichtung entschieden, dass dies eine Angelegenheit von erheblicher Bedeutung ist.[2] Die Entscheidung über den Kitabesuch ist demnach im gegenseitigen Einvernehmen auszuüben, § 1627 BGB.

Aus rechtlicher Sicht ist es jedoch nicht zwingend erforderlich, dass auch beide Sorgeberechtigten den Betreuungsvertrag unterschreiben. Es ist aus-

---

1. Sofern in dem Buch Verweise auf bestimmte §§ erfolgen, sind diese im Anhang des Buches zu finden.
2. OLG Brandenburg OLGR 2004, 440 = JAmt 2005, 47.

reichend, wenn die Zustimmung des Sorgeberechtigten, der den Vertrag nicht unterzeichnet, zum Kitabesuch in einer anderen Form dokumentiert ist (bspw. kurze Bestätigung der grundsätzlichen Zustimmung per E-Mail).

Weigert sich der Vater von Clara in dem obigen Praxisbeispiel, den Betreuungsvertrag zu unterzeichnen, weil er keine vertraglichen Verpflichtungen mit dem Träger der Einrichtung eingehen möchte, wäre es aus rechtlicher Sicht möglich, dass er seine Zustimmung zum Kitabesuch von Clara beispielsweise per E-Mail bestätigt. Eine Unterzeichnung des Betreuungsvertrages ist durch ihn rechtlich nicht erforderlich. Die Mutter könnte, entgegen der Behauptung der Kitaleitung, den Vertrag auch alleine unterschreiben.

Es ist jedoch bei dieser Konstellation zu beachten, dass im Falle eines Zahlungsverzuges des Elternbeitrages nur Claras Mutter in Anspruch genommen werden kann, da sie alleinige Vertragspartnerin des Trägers wäre. Der Vater von Clara wird durch seine schriftliche Zustimmung zum Kitabesuch von Clara nicht zum Vertragspartner.

Das Wichtigste in Kürze

- Entscheidungen, die für das Kind von erheblicher Bedeutung sind, müssen von beiden Sorgeberechtigten gemeinsam getroffen werden.
- Die Entscheidung über den Besuch (ob ein Kindergarten besucht wird und welcher Kindergarten besucht wird) einer Kita ist eine Entscheidung von erheblicher Bedeutung. Erfolgt die Anmeldung in der Kita nur durch einen Sorgeberechtigten, holen Sie zumindest per E-Mail die Bestätigung des anderen Sorgeberechtigten zum Besuch der Einrichtung ein.
- Es ist immer vorteilhaft, beide Sorgeberechtigte als Vertragspartner zu haben. Im Falle von Zahlungsschwierigkeiten eines Sorgeberechtigten kann der getrenntlebende Sorgeberechtigte, der den Vertrag unterzeichnet hat, ebenfalls in Anspruch genommen werden.

2 Trennung der Eltern: Neuer Lebensgefährte will das Kind abholen

Die Eltern melden den kleinen Paul im Kindergarten an. Später kommt es zu einer Trennung der Eltern, wobei beide Eltern auch weiterhin das gemeinsame Sorgerecht für Paul behalten. Paul hat seinen gewöhnlichen Aufenthalt bei seiner Mutter. Zwischen den Eltern entsteht Streit darüber, ob der neue Lebensgefährte der Mutter den kleinen Paul von der Kita abholen darf. Pauls Vater ist hierüber gar nicht begeistert. Er möchte, dass sich seine Ex-Frau selbst um die Abholung von Paul kümmert. Den Erzieherinnen[3] in der Einrichtung teilt er mit, dass Paul nicht von dem neuen Lebensgefährten seiner Ex-Frau abgeholt werden darf. Die Erzieherinnen wissen nun nicht, ob sie das Kind an den neuen Lebensgefährten der Mutter herausgeben dürfen und sind stark verunsichert.

Lösung

Bei der Frage, wer das Kind aus der Kita abholen darf, handelt es sich um eine Frage, die nicht von erheblicher Bedeutung im Sinne des § 1687 BGB ist.[4] Der Elternteil, bei dem sich das Kind gewöhnlich aufhält, hat die Befugnis zur alleinigen Entscheidung in diesen Angelegenheiten des täglichen Lebens. Der jeweils betreuende sorgeberechtigte Elternteil kann daher allein darüber entscheiden, von wem das Kind aus der Einrichtung abgeholt werden soll. In dem o.g. näher beschriebenen Beispiel kann Paul daher auch weiterhin von dem neuen Lebensgefährten seiner Mutter abgeholt werden, auch wenn sein Vater hiermit nicht einverstanden ist.

Das Wichtigste in Kürze

- Die Entscheidung darüber, wer das Kind aus der Kita abholen darf, ist keine Entscheidung von erheblicher Bedeutung.
- Die Entscheidung kann allein von dem betreuenden Sorgeberechtigten getroffen werden, bei dem sich das Kind gewöhnlich aufhält.

---

3. Im weiteren Verlauf wird aufgrund der überwiegend weiblichen Beschäftigten in Kitas die feminine Form verwendet. Es sollen aber grundsätzlich beide Geschlechter angesprochen werden.
4. OLG Bremen, Beschl. v. 01.07.2008 – 4 UF 39/08.

3 Kein Sorgerecht: Vater des Kindes besteht auf Informationen

Eine alleinerziehende Mutter meldet ihre Tochter in der Kita an. Bei der Anmeldung teilt sie der Leitung mit, dass sie das alleinige Sorgerecht für ihre Tochter hat. Während der Betreuungszeit kommt der Kindesvater mehrfach in die Einrichtung und möchte Informationen von den Erziehern zu seiner Tochter erhalten. Es kommt mehrfach zu lauten Auseinandersetzungen zwischen dem pädagogischen Personal und dem Kindesvater. Das Team in der Einrichtung ist mit der gesamten Situation unzufrieden.

Lösung

Sofern die Mutter das alleinige Sorgerecht hat, stehen dem Vater keine Auskunftsansprüche gegenüber der Kita zu. In diesem Zusammenhang ist es von erheblicher Bedeutung, dass bei der Anmeldung in der Kita auch ein Nachweis über das alleinige Sorgerecht erbracht wird. In dem o.g. Fall wäre es erforderlich gewesen, dass die alleinerziehende Mutter anhand einer Sorgebescheinigung (Negativbescheinigung) oder eines Gerichtsurteils ihr alleiniges Sorgerecht belegt. Sofern dieser Nachweis erfolgt ist, hat der Vater keinerlei Ansprüche. Um die lauten Auseinandersetzungen in der Einrichtung zu verhindern, besteht die Möglichkeit, gegenüber dem Vater von dem Hausrecht Gebrauch zu machen. Unter dem Hausrecht versteht man das Recht, darüber zu entscheiden, wer sich in der Kita aufhalten darf. Grundsätzlich steht dem Träger der Einrichtung das Hausrecht zu, wobei dieses in der Regel auf die Kitaleitung übertragen wird. Ein Hausverbot kann sowohl mündlich als auch schriftlich ausgesprochen werden.[5]

Die Kitaleitung kann in dem o.g. Beispiel den Vater von der Möglichkeit der Erteilung des Hausverbotes Gebrauch machen. Sollte der Vater sich daran nicht halten, sollte ihm gegenüber der Hinweis ergehen, dass er sich strafbar macht, wenn er die Einrichtung nicht verlässt. Im Notfall sollte die Kitaleitung die 110 rufen.

---

5. Ein Muster für den Ausspruch eines Hausverbotes finden Sie in den Mustervorlagen in Teil IV des Buches.

Das Wichtigste in Kürze

- Bei der Anmeldung durch ein alleinsorgeberechtigten Elternteil ist zwingend ein Nachweis über das alleinige Sorgerecht vorzulegen (Sorgebescheinigung oder Urteil).
- Sollte es zu heftigen Auseinandersetzungen mit Eltern innerhalb Ihrer Einrichtung kommen und dadurch der gesamte Ablauf in der Einrichtung gestört werden, haben Sie die Möglichkeit ein Hausverbot zu erteilen. Im Falle der Nichteinhaltung des Hausverbotes rufen Sie bitte die Polizei.

4 Abholung nach der Schließzeit: Eltern zeigen keine Einsicht

Linus wird von seinen Eltern immer wieder verspätet aus der Kita abgeholt. Die Erzieherinnen haben bereits in der Vergangenheit die Eltern auf die Notwendigkeit einer pünktlichen Abholung hingewiesen. Die Eltern meinen, dass es nicht so schlimm wäre, wenn das Kind 15 Minuten später abgeholt werden würde, schließlich wären um die Zeit auch noch Erzieherinnen und andere Kinder in den Räumlichkeiten und niemand hätte einen Nachteil dadurch, dass Linus manchmal später abgeholt werden würde.

Lösung

Eltern, die ihre Kinder verspätet aus der Einrichtung abholen, sind oft ein Ärgernis für die Einrichtung. Eine verspätete Abholung kann zu einer Störung des gesamten Ablaufes in einer Kita führen. Damit der Betreuungsschlüssel eingehalten wird, muss das Personal länger bleiben und Überstunden machen, was wiederum zu erhöhten Personalkosten führt. Aus rechtlicher Sicht ist es möglich, die Eltern an diesen verursachten Kosten zu beteiligen. Hierfür ist es notwendig, im Betreuungsvertrag eine Verspätungsgebühr als Vertragsstrafe in den Betreuungsverträgen zu verankern. Jeder Träger muss für sich entscheiden, ob eine solche Vertragsstrafe für ihn in Betracht kommt. Es besteht nämlich die Gefahr, dass Eltern bewusst ihre Kinder verspätet abholen und die hierdurch entstehenden finanziellen Nachteile in Kauf nehmen. Weiterhin muss auch der erhebliche Aufwand, der mit dem Eintreiben dieser zusätzlichen Gebühren verbunden ist, bedacht werden.

In dem o.g. Beispiel können die Erzieherinnen es versuchen, an die Vernunft der Eltern zu appellieren, und ihnen die Probleme, die durch die verspätete Abholung entstehen, erläutern. Sollte dies nichts bewirken, bleibt die Möglichkeit, eine Verspätungsgebühr in die neu abzuschließenden Betreuungsverträge aufzunehmen.[6] Bei den bereits abgeschlossenen Betreuungsverträgen besteht die Möglichkeit, die Eltern über die Not-

---

6. Der in den Mustervorlagen abgedruckte Betreuungsvertrag enthält eine solche Regelung. Er bezieht sich auf die gesetzlichen Regelungen des Landes Berlin und kann nicht ohne Änderungen in anderen Bundesländern verwendet werden. Hier wären zwingend Anpassungen erforderlich.

wendigkeit der Einführung einer solchen Regelung per Rundschreiben zu informieren und sich den Erhalt dieser Informationen schriftlich bestätigen zu lassen (Kenntnisnahme-Rückabschnitt)[7]. Sollte eine solche Verspätungsgebühr für den Träger nicht in Fragen kommen, weil der damit verbundene Verwaltungsaufwand zu hoch erscheint oder weil eine Zweiklassengesellschaft innerhalb der Elternschaft vermieden werden soll, besteht die Möglichkeit, die Eltern bei jeder verspäteten Abholung des Kindes abzumahnen. Schließlich verletzen die Eltern durch die verspätete Abholung ihres Kindes die vertraglichen Pflichten aus dem abgeschlossenen Betreuungsvertrag. Nach mehrfachen schriftlichen Abmahnungen kann ggfls. die außerordentliche Kündigung des Betreuungsvertrages ausgesprochen werden.

Das Wichtigste in Kürze

- Grundsätzlich ist es möglich, eine Verspätungsgebühr in den Betreuungsverträgen zu vereinbaren. Achten Sie jedoch darauf, dass die Höhe der Gebühr angemessen ist. Gemessen an den Kosten des Betriebes eines Kindergartens dürfte eine Gebühr in Höhe von ca. 15–20 € pro angefangene Viertelstunde als angemessen erachtet werden.
- Halten sich die Vertragspartner nicht an die vereinbarten Abholzeiten, können Sie auch eine Abmahnung erteilen. Dies sollte aus Gründen der Nachweisbarkeit stets schriftlich erfolgen. Liegen mindestens drei Abmahnungen vor, können Sie eine außerordentliche Kündigung des Betreuungsvertrages aussprechen.

---

7. Ein Muster eines solchen Rundschreibens finden Sie in den Mustervorlagen.

5 Eltern müssen länger arbeiten: Abholung durch die 7-jährige Schwester

Eines Tages erhält die Kitaleitung einen Anruf mit der Information, dass die Eltern es nicht schaffen werden, den kleinen Leo aus der Kita abzuholen, und stattdessen seine siebenjährige Schwester Julia zur Abholung kommt. Bei der Abholung stellt die Leitung fest, dass Julia völlig überfordert mit der Abholsituation ist. Die Leitung weiß nicht, wie sie mit der Situation umgehen soll.

Lösung

Grundsätzlich entscheiden die Sorgeberechtigte, wer das Kind aus dem Kindergarten abholen darf. Hierfür wird in der Regel im Rahmen des Abschlusses des Betreuungsvertrages ein Formular zur Abholberechtigung durch die Sorgeberechtigten unterzeichnet.[8] Es ist auch möglich, dass die Sorgeberechtigten ein Geschwisterkind mit der Abholung des Kindes aus der Einrichtung bevollmächtigen. Eine gesetzliche Vorschrift, wie alt das Geschwisterkind bei der Abholung mindestens sein muss, existiert nicht. In § 1627 BGB ist jedoch geregelt, dass stets das Wohl des Kindes zu beachten ist. Stellt die Leitung in der oben beschriebenen Situation fest, dass das Geschwisterkind Julia mit der Abholung von Leo vollkommen überfordert ist, darf sie Leo trotz des Vorliegens einer Abholberechtigung nicht an Julia herausgeben. In diesem Fall wären die Sorgeberechtigten oder andere abholberechtigte Personen mit der Bitte zu kontaktieren, Leo aus der Einrichtung abzuholen.

Um derartige Situationen in einer Einrichtung zu verhindern, ist es zudem möglich, im Betreuungsvertrag eine Mindestaltersgrenze für die Abholung durch Geschwisterkinder festzulegen. Eine Mindestaltersgrenze von 14–15 Jahren dürfte für die Abholung von Krippenkindern als vertretbar angesehen werden.

---

8. Ein Muster eines Formulars zur Abholberechtigung finden Sie in den Mustervorlagen.

Das Wichtigste in Kürze

- Bei der Abholung durch Geschwisterkinder existiert keine gesetzliche Mindestaltersgrenze.
- Es ist möglich, im Betreuungsvertrag hierfür eine Mindestaltersgrenze festzulegen.
- Besteht bei Ihnen bei der Abholung des Kindes durch ein Geschwisterkind ein ungutes Gefühl, müssen Sie das Kind in diesem Fall nicht herauszugeben, da das Kindeswohl gefährdet sein könnte. In diesem Fall informieren Sie die Personensorgeberechtigten.

6 Beschädigung von privatem Spielzeug: Eltern fordern Schadensersatz

In der Einrichtung ist wieder Spielzeugtag. Der kleine Simon bringt sein neues, teures Spielzeugauto mit in die Einrichtung. Beim Spielen mit anderen Kindern unter Beaufsichtigung kommt es zu einer plötzlichen Beschädigung des Spielzeugs durch ein anderes Kind. Die Eltern möchten nunmehr das Geld für den Schaden von den Eltern des anderen Kindes bzw. von deren Haftpflichtversicherung oder von den zur Zeit der Beschädigung anwesenden Erzieherinnen bzw. vom Träger erhalten.

Lösung

Die Eltern von Simon haben gegen die Eltern des anderen Kindes bzw. gegen die Haftpflichtversicherung der Eltern keinen Anspruch. Während der Betreuungszeit in der Kita haben die dort anwesenden Erzieherinnen die Aufsichtspflicht über die Kinder und nicht etwa die Eltern des anderen Kindes; daher scheidet ein Anspruch gegen die Eltern bzw. deren Haftpflichtversicherung während der Betreuungszeit aus. Der Spruch »Eltern haften für ihre Kinder« greift hier nicht.

Gegen die Erzieherinnen besteht ebenfalls kein Anspruch, da diese lediglich als sogenannte Erfüllungsgehilfen des Trägers agieren. Gegen den Träger der Einrichtung bestünde dann ein Anspruch auf Ersatz des Schadens, wenn die Erzieherinnen ihre Aufsichtspflicht verletzt hätten. Hierzu enthält das Beispiel keinerlei Anhaltspunkte, vielmehr geht aus dem Sachverhalt hervor, dass die Kinder unter Beobachtung gespielt haben und der Vorfall sich plötzlich ereignete. Da keine Verletzung der Aufsichtspflicht gegeben ist, besteht auch kein Anspruch auf Ersatz gegen den Träger.

Um Diskussionen mit Eltern aus dem Weg zu gehen, ist es ratsam, die Eltern auf Elternabenden oder per Aushang darüber zu informieren, dass das Mitbringen von Spielzeug auf »eigene Gefahr« erfolgt.

Das Wichtigste in Kürze

- Sorgeberechtigte haben im Falle der Beschädigung von Spielsachen ihres Kindes weder gegen das andere Kind, noch die Eltern des Kindes einen Anspruch auf Schadensersatz.
- Ob ein Anspruch gegen den Träger der Einrichtung in solchen Fällen besteht, muss im Einzelfall geprüft werden.
- Weisen Sie die Sorgeberechtigten darauf hin, dass auf das Mitbringen von teuren Spielsachen grundsätzlich verzichtet werden sollte.

7 Sturz in der Kita: Eltern verlangen Schmerzensgeld

Beim Klettern auf dem vor wenigen Monaten erfolgreich durch einen Sachkundigen geprüften Spielgerüst im Außengelände rutscht die fünfjährige Lea unglücklich ab und bricht sich den Arm. Während des Kletterns waren mehrere Erzieher im Außenbereich und haben die Kinder beim Klettern beobachtet. Am Morgen erfolgte durch die zuständige Erzieherin eine Sichtkontrolle des Spielgerüsts, wobei keine Mängel festgestellt worden sind. In der Vergangenheit hatte Lea nie Probleme beim Klettern gehabt. Die Eltern von Lea werden über den Unfall verständigt und sind darüber empört, dass sich ein solcher Unfall während der Betreuungszeit ereignen konnte. Sie verlangen von dem Träger der Einrichtung Schmerzensgeld.

Lösung

Ein Anspruch wegen einer Verletzung der Aufsichtspflicht scheidet aufgrund der Angaben im Sachverhalt aus. Anhaltspunkte, für die Nichteinhaltung des Betreuungsschlüssels sind nicht ersichtlich, auch wurde Lea von den Erzieherinnen beim Klettern beobachtet. Erhöhte Anforderungen an die Aufsichtspflicht waren nicht gegeben, da Lea eine geübte Kletterin ist und sie in der Vergangenheit keine Probleme beim Klettern hatte.

Es stellt sich jedoch die Frage, ob nicht womöglich eine Verletzung der sogenannten Verkehrssicherungspflicht vorliegen könnte, woraus ein möglicher Schadensersatzanspruch anzunehmen sein könnte. Unter der Verkehrssicherungspflicht wird allgemein die Rechtspflicht verstanden, im Verkehr Rücksicht auf die Gefährdung anderer zu nehmen. Dies beruht auf dem Gedanken, dass jeder, der Gefahrenquellen schafft oder unterhält, die notwendigen Vorkehrungen zum Schutz Dritter treffen muss.[9]

Durch das Aufstellen von Spielgeräten schafft man eine Gefahrenquelle. Um einen sicheren und ordnungsgemäßen Spielbetrieb im Rahmen der Verkehrssicherungspflicht auf dem Außengelände einer Kita zu gewährleisten, ist ein Kitaträger verpflichtet, die unterhaltenen Spielgeräte regelmäßig auf einen spiel- und verkehrssicheren Zustand zu überprüfen.

Die DIN EN 1176 Teile 1–7 »Spielplatzgeräte« sowie die GUV- SI 8017 »Außenspielflächen und Spielplatzgeräte« schreiben vor, in welcher Form

---

9. BGH, Urteil vom 22.10.1974 – VI ZR 149/73.

Spielgeräte kontrolliert werden müssen. Danach ist es erforderlich, dass in regelmäßigen Abständen (Empfehlung: alle zwei Tage, mindestens jedoch einmal wöchentlich) eine Sichtkontrolle der Geräte erfolgt. Eine solche Kontrolle dient dem Erkennen von offensichtlichen Gefahrenquellen (Beschädigung durch Verformung, Vandalismus, Verunreinigungen der Anlage etc.).

Die Leitung einer Einrichtung sollte festlegen, wer für die Durchführung einer solchen Sichtkontrolle zuständig ist. Wichtig ist hierbei, dass zu Nachweiszwecken die Durchführung einer solchen Sichtkontrolle schriftlich dokumentiert wird. Neben der Sichtkontrolle muss auch in regelmäßigen zeitlichen Abständen (mindesten alle drei Monate) eine sogenannte Funktionskontrolle der Außenspielgeräte erfolgen. Während dieser Kontrolle wird die Funktion und Stabilität der Geräte durch geeignete Personen (Hausmeister oder andere sachkundige Personen) überprüft. Die Funktionskontrolle geht über die Sichtkontrolle hinaus. Inhalte dieser Prüfung sind z.B. der erforderliche Fallschutz, die Bodenfreiheit der Spielgeräte und der Verschleiß der Geräte.

Einmal jährlich hat die Hauptinspektion zu erfolgen, die weit über die Sicht- und Funktionskontrolle hinausgeht. Die Inspektion beinhaltet die Feststellung des betriebssicheren Zustandes der gesamten Anlagen, Fundamente und Oberflächen. Die Überprüfung sollte durch einen Sachkundigen für Spielplatzgeräte erfolgen.

Da im oben beschriebenen Sachverhalt das Spielgerüst erst vor wenigen Monaten erfolgreich durch einen Sachkundigen geprüft und am Morgen eine Sichtkontrolle durchgeführt wurde, die zu keiner Beanstandung führte, ist davon auszugehen, dass das Spielgerüst den Anforderungen an die Verkehrssicherung entsprochen hat. Mithin haben die Eltern von Lea keinerlei Ansprüche gegen den Träger der Einrichtung wegen einer möglichen Verletzung der Verkehrssicherungspflichten.

Das Wichtigste in Kürze
- Durch das Aufstellen von Außenspielgeräten wird eine sogenannte Verkehrssicherungspflicht über diese begründet.
- Aufgrund der Verkehrssicherungspflicht ist der Träger verpflichtet, regelmäßige Sicht- und Funktionskontrollen durchführen zu lassen. Mindestens alle 12 Monate ist eine Hauptinspektion durchzuführen. Die Durchführung der Kontrollen sollten Sie schriftlich dokumentieren (Wer hat die Kontrolle durchgeführt? Wann wurde sie durchgeführt? Wurden Mängel festgestellt?).

8 Abholung durch eine vollverschleierte Person: Erzieherinnen erkennen Abholberechtigte nicht

In einer Einrichtung wird der kleine Muhammed von seiner Mutter abgeholt, die ein Niqab (Vollverschleierung) trägt. Es sind ausschließlich die Augen der Mutter zu erkennen. Bei der Abholsituation sind die Erzieherinnen immer wieder verunsichert, da sie nicht wissen, wer sich tatsächlich unter dem Niqab verbirgt.

Die Erzieherinnen fragen sich nun, ob die Mutter verpflichtet werden kann, den Schleier in einem Nebenraum abzulegen. Problematisch in diesem Zusammenhang ist die Tatsache, dass an bestimmten Tagen auch männliche Erzieher während der Abholsituation Dienst haben.

Lösung

Grundsätzlich muss die Person, die ein Kind aus dem Kindergarten abholt, für das pädagogische Personal auch erkennbar sein. Andernfalls können die Erzieherinnen nicht feststellen, an wen das Kind übergeben wird. Beim Tragen eines Niqabs können die Erzieherinnen nicht erkennen, wer sich unter der Vollverschleierung verbirgt. Aber es gibt auch einige Möglichkeiten das Problem zu lösen.

Die erste Möglichkeit ist es, die Mutter des Kindes bei jeder Abholung zu bitten, in einem separaten Raum vor einer Erzieherin den Vollschleier abzulegen. Dies könnte jedoch an den Tagen problematisch werden, an denen männliche Erzieher Dienst in der Einrichtung haben. Sollte die Mutter des Kindes sich mit einer solchen Vorgehensweise nicht einverstanden erklären, kann sie hierzu nicht gezwungen werden. Es empfiehlt sich dann, bei jeder Abholung des Kindes sich den Ausweis der Mutter vorzeigen zu lassen. Man wird davon ausgehen dürfen, dass der Besitzer eines Ausweispapiers auch der rechtmäßige Inhaber dessen ist. Zudem sollte ein bestimmtes Codewort zwischen Kita und der Mutter vereinbart werden, welches bei der Abholung zu nennen ist. Weiterhin ist in diesem Fall zu empfehlen, dass zwischen Träger und Eltern eine Vereinbarung abgeschlossen wird, aus der hervorgeht, dass das Kind von einer vollverschleierten Mutter abgeholt wird und dass bei der Abholung die Vorlage des Ausweises der Mutter zu erfolgen hat sowie die Nennung eines bestimmten Codewortes. Sollte bei der Abholung entweder der Ausweis nicht vorgelegt werden können oder die Nennung des Codewortes nicht erfolgen, darf das Kind nicht herausgegeben werden. In diesem Fall ist eine andere abholberechtigte Person zu kontaktieren.

Das Wichtigste in Kürze

- Die abholende Person muss für Sie erkennbar sein.
- Trägt die Mutter eines Kindes eine Vollverschleierung, muss gemeinsam mit der Familie nach einer Lösung gesucht werden. Entweder die Mutter erklärt sich damit einverstanden, bei jeder Abholung ihren Niqab teilweise abzulegen oder man einigt sich auf die Vorlage des Ausweispapieres und die Nennung eines bestimmten Codewortes. Es ist von erheblicher Bedeutung, den Eltern die Gründe (Sicherheit für das Kind) für eine solche Vorgehensweise zu erläutern.

9 Chronisch krankes Kind: Erzieherinnen sind bei der Medikamentenvergabe verunsichert

In einer Einrichtung kommt es zur Anmeldung eines Kindes mit einer starken Allergie. Die Eltern teilen dem Team mit, dass im Falle eines allergischen Anfalles ihr Kind sofort auf die Verabreichung eines sogenannten Notfallpens angewiesen ist. Dieser müsse in den Oberschenkel des Kindes gespritzt werden. Das Team ist völlig verunsichert, einige Erzieherinnen melden sich bei der Leitung und teilen ihr mit, dass sie Angst haben, den Notfallpen einzusetzen, und die Befürchtung haben, dass sie sich »strafbar machen«, wenn etwas schieflaufen sollte.

Lösung

Obwohl die Anzahl von Kindern mit Allergien in den vergangenen Jahren gestiegen ist, existiert zur Verabreichung von Medikamenten an chronisch kranke Kinder noch keine eindeutige gesetzliche Regelung. Mit der Aufnahme des Kindes in eine Kita werden Teile der Personensorge, die nach § 1631 Abs. 1 BGB insbesondere die Pflege, die Erziehung und auch die Beaufsichtigung des Kindes beinhalten, auf den Träger der Einrichtung übertragen.

Diese überträgt wiederum diese Aufgaben an sein pädagogisches Personal. Nach der Novellierung des SGB VIII hat das pädagogische Personal in den Einrichtungen auch dafür Sorge zu tragen, dass die gesundheitliche Vorsorge und die medizinische Betreuung während der Betreuungszeit nicht erschwert werden. Auch vor dem Hintergrund des Inklusionsgedankens sollten keine Kinder, die an chronischen Krankheiten leiden, von der Betreuung in Kitas ausgeschlossen werden.

Erklären sich Kindertageseinrichtungen mit der Gabe von Medikamenten an chronisch kranke Kinder einverstanden, leisten sie einen wichtigen Beitrag zur Verwirklichung des inklusiven Bildungssystems und der Realisierung der UN-Konvention über die Rechte von Menschen mit Behinderung.

Die Angst der Erzieherinnen in dem oben näher beschriebenen Beispiel ist aus juristischer Sicht völlig unbegründet. Die gesetzliche Unfallversicherung greift sowohl für Schäden des Kindes als auch solche des Personals. Etwaige zivilrechtliche Ansprüche (etwa auf Schmerzensgeld usw.) des geschädigten Kindes oder seiner Eltern sind über §§ 104 ff. SGB VII ausgeschlossen. Voraussetzung hierfür ist jedoch, dass in dem Arbeitsvertrag des pädagogischen Personals ausdrücklich die Gabe von Medikamenten als Pflichttätigkeit genannt wird. Die gesetzliche Unfallversicherung kann ihrerseits nur dann Regress bei dem behandelnden pädagogischen Personal nehmen, wenn die Schädigung des Kindes grob fahrlässig oder gar vorsätzlich herbeigeführt wurde. Das wird in der Regel nie der Fall sein. Auch hat das pädagogische Personal aus strafrechtlicher Sicht nichts zu befürchten, wenn es nach bestem Wissen und Gewissen- seinen Fähigkeiten entsprechend – handelt.

Sollten die Erzieherinnen Bedenken hinsichtlich der Verabreichung bzw. hinsichtlich des Einsatzes des Notfallpens haben, empfiehlt es sich eine Anweisung durch den behandelnden Arzt zu vereinbaren. In der Regel fühlt sich das Personal nach der Durchführung einer solchen Schulung sicherer und die anfänglichen Sorgen verschwinden sehr schnell.

Es ist jedoch zwingend notwendig, dass vor einer etwaigen Vergabe von Medikamenten bestimmte Punkte beachtet werden:

1. Mit den Sorgeberechtigten sollte zwingend eine schriftliche Vereinbarung über die Medikation erfolgen. Diese Vereinbarung sollte klar und deutlich formuliert sein (Zeitpunkt der Verabreichung, Dosis). In dieser Vereinbarung sollten auch die Anweisungen zur Gabe der Medikamente durch den behandelnden Arzt schriftlich festgehalten werden.10 Ohne den Abschluss einer solchen Vereinbarung besteht keine Rechtsgrundlage für die Verabreichung von Medikamenten.

2. Bestimmen Sie innerhalb der Einrichtung, wer für die Gabe des Medikamentes im Notfall verantwortlich ist und benennen Sie mehrere Vertretungspersonen.

3. Bewahren Sie Medikamente richtig auf. Das heißt, dass sie an einem sicheren, für Medikamente geeigneten Ort aufbewahrt werden (Medikamentenschrank), mit dem Namen des Kindes versehen und der Anweisung zur Verabreichung. Überprüfen Sie regelmäßig das Haltbarkeitsdatum des Medikaments und benachrichtigen Sie die Sorgeberechtigten rechtzeitig vor Ablauf des Haltbarkeitsdatums.

---

10. Ein Muster einer solchen Vereinbarung finden Sie bei den Mustervorlagen in Teil IV des Buches.

Das Wichtigste in Kürze

- Schließen Sie für die Verabreichung von Medikamenten an chronisch kranke Kinder dringend eine schriftliche Vereinbarung zwischen dem Träger und den Sorgeberechtigten ab!
- Die Gabe von Medikamenten sollten Sie auch in der Tätigkeitsbeschreibung in den Arbeitsverträgen mit dem pädagogischen Personal vereinbaren.
- Sofern das pädagogische Personal die Medikamente sorgfältig, nach bestem Wissen und Gewissen, seinen Fähigkeiten entsprechend verabreicht, bestehen gegen die Mitarbeiter keinerlei zivilrechtliche oder strafrechtliche Ansprüche.

10 Verdacht auf Kindeswohlgefährdung: Darf die Erzieherin ein auffälliges Kind melden?

Bei einem Kind bemerkt die Erzieherin seit einiger Zeit Auffälligkeiten. Das Kind kommt in ungewaschenen Sachen in die Kita, verletzt andere Kinder und reagiert auf das pädagogische Personal sehr empfindlich. Weiterhin bemerkt die Erzieherin blaue Flecken an den Armen des Kindes. Auch ihre Kolleginnen bemerken diese Veränderungen beim Kind. Sie ist verunsichert und weiß nicht, wie sie mit diesen Beobachtungen umgehen soll, insbesondere stellt sie sich die Frage, ob sie womöglich gegen datenschutzrechtliche Bestimmungen verstößt, wenn sie ihren Verdacht einer Kindeswohlgefährdung meldet.

Lösung

Werden derartige Beobachtungen gemacht, ist es wichtig sich mit den anderen Kolleginnen und mit der Leitungskraft der Einrichtung abzusprechen. Es sollte festgestellt werden, ob auch andere Kolleginnen aus dem Team vergleichbare Beobachtungen bei dem Kind gemacht haben. Hierbei ist selbstverständlich zu bedenken, dass die Feststellung einer Kindeswohlgefährdung im Einzelfall sehr schwierig sein kann. Oft haben kleine Kinder Verletzungen, da sie noch ungeschickt sind und Gefahren nicht richtig einschätzen können.

Bestätigt sich der Verdacht durch die Aussagen anderer Kolleginnen, sollten die Sorgeberechtigten nur dann angesprochen werden, wenn das jeweilige Kind die Misshandlung angesprochen und als Täter/in eine Person außerhalb der Familie ausdrücklich benannt hat. Sollte dies nicht der Fall sein, ist aufgrund des gesetzlichen Schutzauftrages aus § 8a Abs. 2 SGB VIII umgehend eine erfahrene Fachkraft zu kontaktieren. In der Regel ist das Jugendamt zuständig. Dabei muss die Erzieherin keine Sorge haben, dass sie mit der Information der Fachkraft gegen datenschutzrechtliche Vorschriften verstößt. Gemäß § 64 Abs. 2 SGB VIII in Verbindung mit § 69 Abs. 1 Nr. 1 SGB X und 2 SGB X wäre in dem konkreten Fall die Weitergabe der Beobachtungen des Kindergartens erlaubt, weil die Einschaltung einer insoweit erfahrenen Fachkraft gesetzlicher Auftrag des Kindergartens nach § 8 Abs. 2 SGB VIII und somit gerechtfertigt ist.

Stellt sich später heraus, dass der Verdacht sich nicht bewahrheitet hat, muss die Erzieherin auch keine Sorge haben, dass sie womöglich wegen übler Nachrede strafrechtlich zur Verantwortung gezogen wird. In dem oben genannten Fall wäre die Weitergabe der Informationen durch die Beobachtungen in der Einrichtung gerechtfertigt. Etwas Anderes wäre nur dann der Fall, wenn eine Information der zuständigen Behörden ohne etwaige Beobachtungen geschehen würde.

Aufgrund der Beobachtungen sollte im oben geschilderten Fall das Jugendamt umgehend verständigt werden. Die weiteren Schritte sind dann eng mit der zuständigen Behörde abzustimmen.

Das Wichtigste in Kürze

- Liegen Beobachtungen vor, die für eine Kindeswohlgefährdung sprechen, müssen aufgrund des gesetzlichen Schutzauftrages die zuständigen Behörden informiert werden.
- Liegen derartige Beobachtungen vor und werden die Behörden informiert, muss das pädagogische Personal nicht die Sorge haben, dass gegen datenschutzrechtliche Vorschriften verstoßen wird.
- Auch müssen Erzieherinnen keine Sorgen haben, wegen des Verdachts der üblen Nachrede belangt zu werden.

11 Kooperation mit der Skischule: Eltern werfen Erzieherinnen Verletzung der Aufsichtspflicht vor

Die Leitung des Kindergartens ist sehr stolz darauf, dass zwischen ihrer Einrichtung und einer benachbarten Skischule eine Kooperation besteht. Die Kinder können nun am Skiunterricht, der während der Betreuungszeit stattfindet, teilnehmen. Die Eltern sind begeistert von der Idee. Die Skischule schließt mit den Eltern einen Vertrag ab und holt die Kinder von der Einrichtung ab und bringt sie auch wieder zurück. Erzieherinnen sind bei den Skistunden nicht anwesend, da ja alles über die Skischule läuft. Eines Tages passiert ein Unfall, bei dem sich ein Kind das Bein bricht. Die Eltern sind sehr verwundert, als sie erfahren, dass während der Skistunden keine Aufsicht durch das pädagogische Personal bestand. Weiterhin sind sie empört darüber, als sie erfahren, dass das Kind in der Zeit nicht gesetzlich unfallversichert war.

Lösung

Grundsätzlich hat das pädagogische Personal während der Betreuungszeit die Pflicht die Kinder zu betreuen. Mit dem Abschluss des Vertrages mit der Skischule haben die Eltern sich auch nicht konkludent damit einverstanden erklärt, dass während dieser Zeit keine Betreuung durch das pädagogische Personal zu erfolgen hat. Hier wäre es notwendig, im Vorfeld eine schriftliche Vereinbarung mit den Eltern abzuschließen und diese darauf hinzuweisen, dass während der Betreuung durch die Skischule keine zusätzliche Betreuung durch das pädagogische Personal erfolgt. Während des Besuches der Skischule besteht auch kein gesetzlicher Unfallversicherungsschutz. Kinder sind nur während des Besuches einer Tageseinrichtung gesetzlich versichert. Diese Tageseinrichtungen müssen staatlich anerkannt sein und der Betreuung, Bildung und Erziehung von Kindern dienen. Hierzu zählen Krippen, Kindergärten, Horte und Kindertagesstätten, nicht jedoch private Freizeitangebote. Unter Umständen bestünde im vorliegenden Fall ein Anspruch gegen die Skischule. Voraussetzung hierfür ist jedoch das Vorliegen einer Aufsichtspflichtverletzung.

Das Wichtigste in Kürze

- Wenn Sie mit externen Anbietern zusammenarbeiten und diese Angebote während der Betreuungszeit anbieten, muss unterschieden werden, ob die Angebote im Beisein des pädagogischen Personals stattfinden oder nicht. Ist während dieser Zeit pädagogisches Personal anwesend, ist nichts zu veranlassen. Dem pädagogischen Personal obliegt während dieser Zeit ebenfalls die Aufsichtspflicht.
- Findet das Angebot nicht im Beisein des pädagogischen Personals statt, muss zwingend eine schriftliche Vereinbarung hierüber mit den Sorgeberechtigten abgeschlossen werden. Aus dieser muss ausdrücklich hervorgehen, dass während dieser Zeit die Betreuung ausschließlich von dem Anbieter durchgeführt wird.[11]

---

11. Eine solche Mustervereinbarung finden Sie in den Mustervorlagen.

12 Heftige Erkältung: Mutter weigert sich das Kind zuhause zu lassen

Eines Tages kommt die Mutter mit ihrer kranken Tochter in die Einrichtung. Beim ersten Anblick bemerkt die Erzieherin, dass das Kind angeschlagen und müde ist. Dazu hustet das Kind und die Nase tropft die ganze Zeit. Die Mutter teilt der Erzieherin mit, dass ihre Tochter schon am Morgen Fieber hatte und sie leider zur Arbeit muss und keine andere Betreuungsmöglichkeit organisieren konnte. Die Mutter übergibt der Erzieherin noch Nasentropfen und Fieberzäpfchen und bittet sie, diese der Tochter zu verabreichen. Die Erzieherin ist neu in der Einrichtung und weiß nicht, wie sie mit der Situation umgehen soll.

Lösung

Kinder mit starken Symptomen einer Erkältung haben grundsätzlich in einer Einrichtung nichts verloren. Ein krankes Kind braucht Ruhe und besondere Pflege. Hier muss die Erzieherin an die Gesundheit aller anderen Kinder und Mitarbeiterinnen denken und konsequent dafür Sorge tragen, dass in solchen Fällen keine Betreuung erfolgt. Wichtig ist es, im Vorfeld klare Regelungen in der Einrichtung auszustellen und gegenüber den Eltern mitzuteilen, wann keine Betreuung von erkrankten Kindern erfolgt. So können spätere Diskussionen mit den Eltern verhindert werden. Derartige Regelungen können entweder im Anhang eines Betreuungsvertrages aufgestellt oder im Rahmen des ersten Elternabends den Eltern gegenüber ausgeteilt werden (mit der Bitte um Unterzeichnung auf dem Kenntnisnahmeabschnitt).[12]

Alle Mitarbeiterinnen in einer Einrichtung sollten darauf achten, dass keine Kinder mit Krankheitssymptomen aufgenommen werden. In dem oben genannten Beispiel sollte das Kind nicht zur Betreuung aufgenommen werden. Der Mutter gegenüber ist mitzuteilen, dass infolge der Fürsorgepflicht gegenüber den anderen Kindern und Mitarbeiterinnen die Betreuung nicht erfolgen könne. Der Mutter sollte auch klargemacht werden, dass ihr Kind eine besondere Betreuung benötigt und die Kita dies nicht leisten könne.

---

12. Bei den Mustervorlagen in diesem Buch finden Sie ein Beispiel für eine mögliche Regelung über den Umgang mit kranken Kindern.

Sollte die Einrichtung eine Regelung zum Umgang mit kranken Kindern aufgestellt haben, so ist auf diese zu verweisen. Andernfalls bietet sich eine solche Gelegenheit, den Umgang mit kranken Kindern zu regeln. In dem Zusammenhang ist es auch sinnvoll, die Sorgeberechtigten jährlich auf die Regelungen des Infektionsschutzgesetzes aufmerksam zu machen. In der Regel erhalten die Eltern diese Informationen im Zeitpunkt des Vertragsabschlusses. Oft geraten die dort enthaltenen Regelungen jedoch im Laufe der Zeit in Vergessenheit.

Das Wichtigste in Kürze

- Jede Kindertageseinrichtung sollte konkrete Regelungen zum Umgang mit kranken Kindern treffen. Dies kann im Rahmen der Hausordnung oder im Rahmen des Betreuungsvertrages geschehen.
- Machen Sie den Sorgeberechtigten unmissverständlich klar, dass kranke Kinder in einer Kita nicht die Betreuung erhalten können, die sie dringend für die Genesung benötigen.

13 Masernepidemie: Impfverpflichtung in der Kita?

Aktuell werden zahlreiche Masernfälle in Kindertageseinrichtungen gemeldet. Die Leitung der Einrichtung überlegt, ob sie etwas präventiv in ihrer Einrichtung gegen Masern unternehmen kann. Immer wieder kommt es zu Anmeldungen von Kindern, deren Eltern sich bewusst gegen Impfungen entschieden haben. Hieran hat auch die notwendige Vorlage eines Nachweises über eine erfolgte Impfberatung nichts verändert. Die Leitung der Einrichtung spielt mit dem Gedanken, ab dem kommenden Kitajahr nur noch geimpfte Kinder aufzunehmen und mit dieser Maßnahme die Kinder zu schützen, die nachweislich aufgrund von chronischen Erkrankungen nicht geimpft werden dürfen bzw. noch so klein sind, dass sie die Impfung noch nicht bekommen konnten. Weiterhin möchte sie mit dieser Regelung Eltern schützen, die mit den jüngeren noch nicht geimpften Geschwistern die Kitakinder abholen. Wäre eine solche Vorgehensweise rechtmäßig?

Lösung

Ob Träger den Abschluss eines Betreuungsvertrages von dem Vorliegen bestimmter Impfungen abhängig machen dürfen oder nicht, ist bislang weder gesetzlich, noch gerichtlich abschließend geklärt worden.

Es sprechen viele Argumente für die Möglichkeit der Einführung einer solchen Impfverpflichtung. An erster Stelle sei hier die Vertragsfreiheit der freien Träger zu nennen. Vertragsfreiheit ist die Ausprägung des Grundsatzes der Privatautonomie im Zivilrecht, die es jedermann gestattet, Verträge zu schließen, die sowohl hinsichtlich des Vertragspartners als auch des Vertragsgegenstandes frei bestimmt werden können, vorausgesetzt sie verstoßen nicht gegen zwingende Vorschriften des geltenden Rechts, gesetzliche Verbote oder die guten Sitten.

Bei der Einführung einer Impfverpflichtung sind aus Sicht der Autorin keine Verstöße gegen zwingende Vorschriften und gesetzlichen Verbote gegeben, auch sind keine Verstöße gegen die guten Sitten erkennbar. Dennoch vertreten zahlreiche Aufsichtsbehörden die Auffassung, dass Träger, die mit öffentlichen Geldern finanziert werden, die Aufnahme von nicht geimpften Kindern nicht verweigern dürfen. Begründet wird dies in erster Linie damit, dass es in Deutschland keine Impfpflicht gibt und die Eltern unter den Voraussetzungen des § 24 Abs. 2 SGB VIII einen Rechtsanspruch auf einen Betreuungsplatz haben. § 24 Abs. 2 SGB VIII ist nur an die Voraussetzung geknüpft, dass das Kind das erste Lebensjahr vollendet haben muss.

Der Rechtsanspruch richtet sich jedoch grundsätzlich an den Träger der öffentlichen Jugendhilfe, nicht jedoch an die freien Träger. Die öffentliche Jugendhilfe (Jugendämter) hat die freien Träger der Jugendhilfe in der selbständigen Erbringung der Leistungen zu achten und zu fördern. Das kann auch aus Sicht der Autorin bedeuten, dass besondere Konzeptionen eines freien Trägers, welche beispielsweise nur die Aufnahme von geimpften Kindern vorsehen, auch berücksichtigt werden müssen. Es wäre sogar ein Eingriff in die Trägerhoheit gegeben, wenn Aufsichtsbehörden es den freien Trägern verbieten würden, nicht geimpfte Kinder aufzunehmen. Wie bereits geschrieben, ist die Rechtsfrage bislang nicht abschließend geklärt worden. Fest steht, dass öffentliche Träger eine solche Impfverpflichtung nicht zum Aufnahmekriterium machen können. Wer Konflikte mit der zuständigen Aufsichtsbehörde vermeiden möchte, sollte sich im Vorfeld einer Einführung der Impfpflicht mit der zuständigen Behörde in Verbindung setzen.

Das Thema ist derzeit hochaktuell und es ist durchaus möglich, dass sich hier zeitnah etwas ändern könnte. Sofern die Leitung der Einrichtung in dem o.g. Beispiel auf Nummer sichergehen möchte, sollte sie den Kontakt zu der zuständigen Aufsichtsbehörde suchen und auf das Thema aufmerksam machen.

Unumstritten ist in diesem Zusammenhang die Vorlage eines Nachweises über die erfolgte Impfberatung durch den behandelnden Arzt im Vorfeld der Aufnahme. Diese Verpflichtung folgt aus § 34 Abs. 10a des Infektionsschutzgesetzes. Die Eltern müssen gegenüber der Einrichtung nachweisen, dass sie sich einer Impfberatung unterzogen haben. Hierüber stellt der behandelnde Arzt einen schriftlichen Nachweis aus, der in der Einrichtung aufzubewahren ist.

Das Wichtigste in Kürze

- Es ist nicht abschließend geklärt, ob freie Träger nur geimpfte Kinder in ihre Einrichtungen aufnehmen dürfen. Hierzu existieren unterschiedliche Rechtsauffassungen.
- Bei Aufnahme des Kindes müssen die Eltern einen schriftlichen Nachweis über eine erfolgte Impfberatung vorlegen (wird vom behandelnden Kinderarzt durchgeführt). Bewahren Sie den Nachweis in der Einrichtung auf.

14 Zeckenbiss: Mutter wütend über entzündete Wunde

Nach einem Ausflug im Wald stellt eine Erzieherin fest, dass ein Kind aus ihrer Gruppe von einer Zecke gebissen wurde. Sie entfernt die Zecke mit einer Zeckenschere. Unglücklicherweise entzündet sich der Stich. Bei der Abholung kommt es zwischen der Erzieherin und der Mutter zu einer Auseinandersetzung. Die Mutter ärgert sich darüber, dass die Erzieherin eigenmächtig gehandelt hat.

Lösung

Zeckenbisse stellen bei einem Kitabesuch keine Seltenheit dar. Wenn ein Kind von einer Zecke gebissen wird, herrscht zunächst oft Unsicherheit, wie vorzugehen ist.

Ein Verbleibenlassen der Zecke bis zur Abholung des Kindes durch die Eltern könnte Risiken mit sich bringen. Ein frühzeitiges, fachgerechtes Entfernen eines Zeckenbisses kann spätere Komplikationen verhindern. Einige Unfallkassen vertreten die Auffassung, dass beim Zeckenbiss ein sofortiges Handeln durch das pädagogische Personal erforderlich ist, da andernfalls die Gefahr bestehe, dass sich das Kind mit dem Borreliose-Erreger oder dem FSME-Virus ansteckt. Mithin wäre das Handeln, der Erzieherinnen im oben geschilderten Fall rechtmäßig. Man wird grundsätzlich davon ausgehen dürfen, dass das frühzeitige Entfernen von Zecken im Interesse der Eltern liegt. Es wäre dennoch ratsam, das Vorgehen bei möglichen Zeckenbissen im Vorfeld mit den Eltern zu klären, um spätere Diskussionen zu verhindern. Daher ist es ratsam, sich im Rahmen des Betreuungsvertrages eine schriftliche Einverständniserklärung der Eltern zum Entfernen von Zecken einzuholen.[13] Sollten die Eltern sich weigern eine entsprechende Einverständniserklärung abzugeben, ist mit ihnen zu schriftlich vereinbaren, wie bei Zeckenbissen zu verfahren ist. Sofern die Eltern ihr Einverständnis zur Entfernung von Zecken erteilt haben, ist wie folgt vorzugehen:

1. Die Zecke schnellstmöglich mit einer Zeckenschere entfernen.
2. Die betroffene Stelle mit einem wasserfesten Stift markieren.

---

13. Ein Muster einer Einverständniserklärung finden Sie bei den Mustervorlagen.

3. Die Eltern über den Biss und das Entfernen informieren und sie auffordern, die Stelle zu beobachten.14
4. Den Zeckenbiss ins Verbandbuch eintragen.

Das Wichtigste in Kürze

- Regeln Sie das Vorgehen bei Zeckenbissen mit den Sorgeberechtigten schriftlich im Rahmen einer Vereinbarung.
- Die Sorgeberechtigten können im Rahmen einer solchen Vereinbarung entscheiden, ob sie das pädagogische Personal dazu ermächtigen, etwaige Zecken zu entfernen oder nicht.

---

14. Ein Muster eines Informationsschreibens ist ebenfalls bei den Mustervorlagen abgedruckt.

15 Gesundschreibung des Arztes: Eltern weigern sich die Bescheinigung einzuholen

Der Betreuungsvertrag eines Kitaträgers sieht vor, dass nach jeder Erkrankung eines Kindes eine sogenannte Gesundschreibung des behandelnden Arztes zwingend vorzulegen ist. In der Vergangenheit kam es immer wieder deswegen zu Beschwerden seitens der Eltern, weil die behandelnden Ärzte sich oft weigern, diese Bescheinigungen auszustellen bzw. hierfür hohe Gebühren fordern. Zahlreiche Ärzte teilen gegenüber den Eltern mit, dass derartige Bescheinigungen grundsätzlich nicht notwendig sind.

Andere Eltern sind gezwungen, mit leichten Erkrankungen die Arztpraxen aufzusuchen, um sich eine entsprechende Bescheinigung ausstellen zu lassen. Immer wieder ist die Vorlage einer Gesundschreibung ein Streitpunkt zwischen den Eltern und der Kitaleitung.

Lösung

Grundsätzlich ist eine derartige Regelung im Betreuungsvertrag aus rechtlicher Sicht nicht zu beanstanden. Die Regelung dient dem Schutz der anderen Kinder und der Mitarbeiter einer Einrichtung, sie ist grundsätzlich nicht unzumutbar und nicht unangemessen. Es ist jedoch fraglich, ob eine solche Regelung im Betreuungsvertrag sinnvoll ist und ob in jedem Fall eine Gesundschreibung gefordert werden muss.

Bei Krankheiten, die nicht unter das Infektionsschutzgesetz fallen, handelt es sich bei der Ausstellung einer Gesundschreibung um eine Privatleistung, die die Eltern selbst tragen müssen. Die Gebühren hierfür betragen bei den Kinderärzten zwischen 5–20 EUR. Das Gesetz verlangt bei Krankheiten, die nicht unter das Infektionsschutzgesetz fallen, grundsätzlich keine Gesundschreibung vor Wiederaufnahme der Betreuung. Der Träger kann selbstverständlich hiervon eine abweichende vertragliche Regelung treffen.

Ein Verzicht auf die Vorlage der Gesundschreibung in diesen Fällen hätte jedoch den Vorteil, dass Kinder nach erfolgter Genesung nicht mehr zu einem erneuten Arztbesuch gezwungen und somit keinem erneutem Infektionsrisiko im Wartezimmer ausgesetzt werden. Weiterhin ist anzumerken, dass bei viralen, sehr häufigen Erkrankungen der oberen Luftwege die höchste Ansteckungsgefahr am Tag vor dem Fieberbeginn auftritt; zu diesem Zeitpunkt sind die Kinder in der Regel noch in der Kita. Weiterhin gibt es auch zahlreiche Fälle, in denen die Eltern ihre Kinder nicht zum Arzt bringen wollen/können und deswegen auch die Gesundschreibung nicht vorlegen können. Anzumerken ist, dass es in anderen Lebensbereichen wie Schule und Arbeitswelt ebenso keine Notwendigkeit einer Gesundschreibung gibt.

Ein Verzicht auf die Vorlage würde auch zu einer Entlastung der Ärzte führen. Auf der anderen Seite gibt es sicherlich auch Gründe für eine solche Vorlage. So ist es beispielsweise dem pädagogischem Personal nicht immer in der Bringsituation möglich zu erkennen, ob das Kind tatsächlich gesund ist. Manchmal entsteht zwischen den Eltern und dem pädagogischen Personal Streit darüber, ob das Kind tatsächlich wieder kitatauglich ist.

Entscheidet sich der Träger dennoch für die Notwendigkeit der Vorlage einer Gesundschreibung, muss dies zwingend im Vertrag geregelt werden. Bei Nachfragen durch die Eltern ist diesen mitzuteilen, dass man sich für eine solche Regelung aufgrund der Fürsorgepflicht gegenüber den anderen Kindern und Mitarbeitern entschieden hat. Schließlich wird in der Regel nur ein Arzt abschließend feststellen können, ob ein Kind tatsächlich wieder gesund ist oder nicht. Sollten die Eltern sich über die Notwendigkeit der Vorlage beschweren, genügt ein Hinweis auf den abgeschlossenen Betreuungsvertrag. Sofern die Eltern gegenüber der Leitung mitteilen, dass der behandelnde Kinderarzt eine solche Gesundschreibung für nicht erforderlich hält, ist wiederrum auf die Regelung im Betreuungsvertrag, deren konkreten Inhalt die Ärzte in der Regel nicht kennen, hinzuweisen.

In dem oben näher beschriebenen Praxisbeispiel ist die Vorlage einer Gesundschreibung nach einer Erkrankung des Kindes vorgesehen. Die Leitung der Einrichtung sollte daher gegenüber den Eltern nochmals die Gründe für diese Vorlage erläutern und die Eltern darauf hinweisen, dass sie sich mit der Unterzeichnung des Betreuungsvertrages mit dieser Regelung auch einverstanden erklärt haben.

Das Wichtigste in Kürze

- Eine Gesundschreibung kann von dem Träger verlangt werden, sofern es hierzu eine ausdrückliche Regelung im Betreuungsvertrag gibt.
- Fehlt es an einer solchen Regelung im Vertrag, hat der Träger gegenüber den Eltern keinen Anspruch auf die Vorlage einer Gesundschreibung.

16 Zahlungsverzug: Eltern zahlen Beiträge nicht

In der Einrichtung »Regenbogen« kommt es in letzter Zeit vermehrt zum Zahlungsverzug durch mehrere Familien. Familie Schneider, die sich sonst sehr in der Einrichtung engagiert, hat in den vergangenen Monaten mehrfach den Betreuungsbetrag nicht bezahlt. Die Leitung weiß nicht, wie sie damit umgehen soll; sie möchte die gute Zusammenarbeit mit der Familie nicht gefährden.

Lösung

In zahlreichen Bundesländern zahlen die Eltern für die Betreuung ihrer Kinder einen Elternbeitrag, der sich nach der Höhe ihres Einkommens richtet. Betreuungsverträge sind Dienstleistungsverträge, sie regeln den Austausch von Leistungen. Auf der einen Seite steht die Erbringung der Betreuungsleistung, auf der anderen Seite die Verpflichtung der Eltern hierfür einen Elternbeitrag zu zahlen. Kommt eine der Parteien ihrer Verpflichtung aus dem Vertrag nicht nach, kann der Vertrag in der Regel außerordentlich gekündigt werden. Mithin könnte man im oben dargestellten Fall bei mehrfachem Zahlungsverzug durch die Familie an die Kündigung des Betreuungsverhältnisses denken.

Die Kündigung des Betreuungsvertrages sollte jedoch das letzte Mittel sein. Nach Feststellung des Verzuges sollten die Sorgeberechtigten an ihre Zahlungsverpflichtung mit einem Schreiben erinnert werden,[15] Oft platzt ein Lastschrifteinzug, weil ein Kontowechsel erfolgt ist oder weil das Gehalt wenige Tage später eingetroffen ist. Erfolgt keine Reaktion seitens der Vertragspartner auf die Zahlungserinnerung, sollte ein Mahnschreiben aufgesetzt werden.[16]

Grundsätzlich ist zu beachten, dass sich die Vertragspartner zu diesem Zeitpunkt schon im Verzug befinden, da in den meisten Betreuungsverträgen ein Kalenderdatum bestimmt ist, bis wann der Elternbeitrag zu zahlen ist. Lassen die Eltern diese Zahlungsfrist fruchtlos verstreichen, befinden sie sich ab diesem Tag in Zahlungsverzug. Erfolgt auch keine Reaktion auf die Mahnung, ist zu überlegen, ob man die Vertragspartner mit einer weiteren

---

15. Ein Muster für eine Zahlungserinnerung ist bei den Mustervorlagen abgebildet.
16. Ein Muster eines Mahnschreibens ist ebenfalls bei den Mustervorlagen zu finden.

Mahnung (2. Mahnung) unter Androhung weiterer rechtlicher Schritte nochmals an die Zahlungsverpflichtungen aus dem Vertrag erinnert.[17]
Rein rechtlich ist die zweite Mahnung nicht erforderlich. Es ist jedoch im Rechtsverkehr nicht unüblich, eine Zahlungserinnerung sowie zwei Mahnschreiben zu verschicken, bevor weitere gerichtliche Schritte ergriffen werden. Ratsam ist es zudem, die Vertragspartner in den Mahnschreiben auf die Möglichkeit einer Ratenzahlungsvereinbarung aufmerksam zu machen. Oft wird es den Eltern eher möglich sein, kleinere Beträge in monatlichen Raten abzuzahlen als einen hohen Betrag auf einen Schlag.[18] Für die Mahnschreiben kann den Schuldnern eine Mahngebühr in Höhe von max. 2,50 € in Rechnung gestellt werden. Weiterhin ist auch die Geltendmachung von Verzugszinsen ab dem Zeitpunkt der Fälligkeit möglich.

Reagieren die Vertragspartner nicht auf die Schreiben, bestehen zwei Möglichkeiten, die offene Forderung einzutreiben. Zum einen kann der Erlass eines Mahnbescheides beantragt werden, zum anderen kann eine Klage erhoben werden. Das gerichtliche Mahnverfahren ist die kostengünstigste und schnellste Alternative, gegen einen Schuldner bestehende Zahlungsrückstände titulieren zu lassen. Nicht selten belaufen sich die Gerichtskosten auf nur 32 € und in der Regel kann der Antrag auf Erlass eines Mahnbescheides unproblematisch online gestellt werden.

Ist der Mahnbescheid zugestellt, hat der Schuldner zwei Wochen Zeit, Widerspruch gegen diesen einzulegen, was er nur dann tun wird, wenn er die Forderung für unberechtigt hält oder wenn er Zeit gewinnen will. Wird kein Widerspruch eingelegt, kann der Gläubiger einen Vollstreckungsbescheid beantragen, welcher dem Schuldner ebenfalls zugestellt wird.

Der Schuldner hat nun weitere zwei Wochen Zeit, Einspruch gegen den Vollstreckungsbescheid einzulegen. Unterlässt er dies, kann aus dem Vollstreckungsbescheid gegen den Schuldner vollstreckt werden. Der Vollstreckungsbescheid ist ein vollstreckbarer Titel. Liegt am Ende des Mahnverfahrens ein Vollstreckungsbescheid vor, sollte entweder ein sogenannter Pfändungs- und Überweisungsbeschluss beim zuständigen Gericht beantragt werden oder Kontakt mit einem Gerichtsvollzieher zum Zwecke der Vollstreckung aufgenommen werden.

Der Vorteil des gerichtlichen Mahnverfahrens liegt zum einen in den geringen Kosten und der bei unwidersprochenen Forderungen kurzen Zeit

---

17. Ein Muster einer Ratenzahlungsvereinbarung befindet sich ebenfalls bei den Mustervorlagen im hinteren Teil des Buches.
18. Ein Muster einer möglichen Ratenzahlungsvereinbarung finden Sie bei den Mustervorlagen.

bis zur Titelerlangung. Es sollte jedoch beachtet werden, dass das gerichtliche Mahnverfahren nicht für die Fälle geeignet ist, in denen eine Forderung strittig ist. In diesen Fällen wird in der Regel ein Widerspruch durch die Eltern eingelegt werden. Das gerichtliche Mahnverfahren eignet sich allein zur Betreibung von Geldforderungen gegen den zahlungsunfähigen, aber eigentlich zahlungswilligen Schuldner. Ist der Schuldner dagegen zahlungsunwillig, sollte gleich eine Klage erhoben werden.

In diesem Zusammenhang ist anzumerken, dass der Gläubiger die Möglichkeit hat, einen Rechtsanwalt mit der Eintreibung seiner Außenstände zu beauftragen. Die Kosten für eine solche Beauftragung muss der säumige Schuldner im Falle des Verzuges auch tragen. Die Kosten für die Beauftragung eines Rechtsanwalts stellen einen Verzugsschaden dar. Sollte der Schuldner jedoch nicht zahlen können, wird der Rechtsanwalt die Kosten für das Eintreiben der Forderungen bei seinem Mandanten geltend machen.

In dem oben beschriebenen Beispiel ist der Leitung zu empfehlen, die Eltern auf den Zahlungsverzug offen anzusprechen. Vielleicht ist der Abschluss einer Ratenzahlungsvereinbarung für beide Parteien eine gute Möglichkeit.

Weiterhin ist gemeinsam mit den Eltern zu überlegen, ob nicht die Einbindung des Jugendamtes sinnvoll sein könnte, da es durchaus Fälle gibt, in denen die Jugendämter den Sorgeberechtigten ein Darlehen zur Begleichung der Schulden gewähren oder selbst die angefallenen Kosten begleichen. Sollte der Abschluss einer Ratenzahlungsvereinbarung nicht erfolgreich sein, ist zu überlegen, ob ein Mahn- oder Klageverfahren die bessere Alternative in dem konkreten Fall ist.

Eine außerordentliche Kündigung des Betreuungsvertrages wegen Zahlungsverzugs der Eltern sollte wirklich immer die letzte Möglichkeit sein[19]. In der Regel sinkt die Zahlungsmoral der Vertragspartner noch weiter, wenn die Kinder nicht mehr in der Kita betreut werden. Eine außerordentliche Kündigung des Betreuungsvertrages kann bei mehrfachem Zahlungsverzug erfolgen.

---

19. Ein Muster eines Kündigungsschreibens wegen der Nichtzahlung des Elternbeitrages ist in den Mustervorlagen des Buches enthalten.

Das Wichtigste in Kürze

- Beim Zahlungsverzug durch die Vertragspartner sollten immer eine Zahlungserinnerung und mindestens eine Mahnung ergehen.
- Weisen Sie in dem Mahnschreiben auf die Möglichkeit des Abschlusses einer Ratenzahlungsvereinbarung hin. Oft ist das für beide Seiten eine gute Lösung.
- Erfolgt keine Reaktion auf Zahlungserinnerung und Mahnschreiben, ist über rechtliche Schritte (Mahnverfahren oder Klageerhebung) nachzudenken.

17 Sommerfest in der Kita: Vater ist empört über die Bilder auf der Homepage

In der Einrichtung »Wirbelwind« fand ein Sommerfest statt. Während des Festes wurden zahlreiche Fotos von Kindern und von Mitarbeitern der Einrichtung bei unterschiedlichen Aktivitäten aufgenommen. Kurze Zeit später hat die Leitung der Einrichtung die aufgenommenen Bilder vom Sommerfest auf die Homepage der Einrichtung hochgeladen. Nachdem der Vater von Marie durch einen Zufall von den Fotos Kenntnis erlangt, ist er empört und stellt die Einrichtungsleitung zur Rede.

Lösung

Grundsätzlich führt das Aufnehmen von Fotos mittels digitaler Geräte (Smartphone, Kamera, Tablet) zum Eingriff in das Recht auf informationelle Selbstbestimmung und in das Recht am eigenen Bild. Sobald mit Hilfe von digitalen Geräten Fotos von den Kindern gefertigt werden, erfolgt eine (automatisierte) personenbezogene Datenverarbeitung.

Genau wie bei Erwachsenen, dürfen keine Bilder von Kindern veröffentlicht und verbreitet werden, wenn keine Einwilligung durch deren gesetzliche Vertreter vorliegt. Grundsätzlich muss mindestens ein Teil der sorgeberechtigten Eltern in die Veröffentlichung und Verbreitung der Kinderfotos einwilligen.

Dabei spielt es keine Rolle, ob die Bilder auf der Homepage eines Kindergartens veröffentlicht werden, in der Einrichtung ausgehangen werden oder auf DVDs gebrannt werden, die dann den Eltern ausgehändigt werden. Sobald eine Aufnahme der Kinder in der Einrichtung erfolgt, ist zwingend die schriftliche Einwilligung der Eltern notwendig.[20]

Beim Nutzen der Einwilligungserklärung ist auch stets darauf zu achten, dass die abgebildeten Kinder sich auch nach einem längeren Zeitraum zuordnen lassen, andernfalls besteht die Gefahr, dass zwar die erforderlichen Einwilligungserklärungen vorliegen, aber nicht mehr nachvollzogen werden kann, wer auf den Bildern abgebildet ist. Gleiches gilt auch für die Bildnisse von Mitarbeitern. Auch hier ist zwingend darauf zu achten, dass

---

20. Ein Muster einer Einwilligungserklärung finden Sie in den Mustervorlagen.

die erforderlichen Einwilligungserklärungen vorliegen. Andernfalls ist es nicht gestattet, etwaiges Bildmaterial der Mitarbeiterinnen zu veröffentlichen.[21]

In dem oben beschriebenen Sachverhalt hat der Vater Recht. Eine Veröffentlichung von Fotos auf der Homepage des Kindergartens war nicht zulässig. Der Leitung ist dringend zu raten, unverzüglich alle Fotos von der Homepage zu entfernen, sofern keine Einwilligung des gesetzlichen Vertreters hierfür vorliegt.

Das Wichtigste in Kürze

- Aufnahmen und Veröffentlichungen von Video- und Bildmaterial, auf denen Kinder zu sehen sind, sind ohne eine entsprechende Einwilligungserklärung der Sorgeberechtigten nicht zulässig.
- Gleiches gilt für die Aufnahme und Veröffentlichungen von Video- und Bildmaterial von Mitarbeiterinnen.

---

21. Ein Muster einer Einwilligungserklärung für Mitarbeiterinnen ist in den Mustervorlagen enthalten.

18 Schwierige Eingewöhnung: Eltern wollen den Betreuungsvertrag trotz Kündigungsfrist sofort auflösen

Der kleine Tim ist nun seit acht Wochen im Kindergarten »Wolke«. Leider ist die Eingewöhnung bislang nicht gelungen. Die Eltern von Tim sind verzweifelt und sehen keine andere Möglichkeit, als die sofortige Kündigung des Betreuungsvertrages auszusprechen. Die Leitung des Kindergartens ist empört hierüber. Schließlich hat sie zahlreichen Eltern im Vorfeld absagen müssen und nunmehr, nach Beginn des Kitajahres, wird es ihr nicht mehr möglich sein, den Platz anderweitig zu besetzen. Sie besteht darauf, dass die Eltern sich an die im Vertrag festgelegten Kündigungsfristen von zwei Monaten zum Monatsende halten müssen. Zwischen den Eltern und der Leitung kommt es deswegen zu einem Streit.

Lösung

Die Eltern eines Kleinkinds haben nach einem Grundsatzurteil des Bundesgerichtshofs (BGH, Urteil vom 18.02.2016 – Az. III ZR 126/15) kein Recht zur sofortigen Kündigung eines Betreuungsvertrages, wenn die Eingewöhnung scheitert. Die Richter begründeten die Entscheidung damit, dass das Scheitern der Eingewöhnung ein Risiko der Eltern darstelle. Mithin wären die Eltern in dem o.g. Beispielsfall gezwungen, die vertraglichen Kündigungsfristen einzuhalten. Abgesehen von der rechtlichen Situation sollte der Träger, wenn es ihm möglich ist, versuchen, den Platz weiter zu vermitteln und ggf. vor Ablauf der Kündigungsfristen die Eltern aus dem Vertrag entlassen.

Sofern es seitens der Trägers Möglichkeiten gibt, die nicht zu finanziellen Einbußen führen, unzufriedene Eltern aus den Vertragsverhältnissen zu entlassen, sollte davon auch Gebrauch gemacht werden. Unzufriedene Eltern können in einer Einrichtung die Stimmung entsprechend beeinflussen und dies wirkt sich in der Regel auch auf das pädagogische Personal aus.

Das Wichtigste in Kürze

• Scheitert die Eingewöhnung eines Kindes, haben die Eltern kein Recht eine außerordentliche und fristlose Kündigung des Betreuungsvertrages auszusprechen.
• Die vertraglich vereinbarten Kündigungsfristen sind einzuhalten.
• Selbstverständlich steht es Ihnen frei, die Eltern aus Kulanz zu einem früheren Zeitpunkt aus dem Vertrag zu entlassen.

19 Schließzeiten in den Sommerferien: Eltern beschweren sich

In der Einrichtung »Fledermäuse« wollen alle Mitarbeiterinnen in den Sommerferien gleichzeitig Urlaub machen. In den vergangenen Jahren war dies nie ein Problem, sodass die Einrichtung auch durchgängig im Sommer geöffnet war. Aus diesem Grund hat auch die Leitung in der Vergangenheit damit geworben, dass es keine Schließzeiten im Sommer gibt. Dieses Jahr wird dies nicht möglich sein und die Leitung sieht sich gezwungen, den Eltern nunmehr mitzuteilen, dass die Kita im Sommer für drei Wochen schließen wird.

Im Betreuungsvertrag ist geregelt, dass es nur zwischen Weihnachten und Neujahr Schließtage gibt. Nachdem die Eltern hiervon erfahren, sind sie außer sich. Die Leitung versteht die Aufregung nicht, schließlich wäre es auch im Sinne der Eltern, wenn die Erzieherinnen sich von dem stressigen Kitaalltag erholen würden. Sie lässt sich nicht von der Kritik der Eltern beeinflussen und schließt die Einrichtung für drei Wochen.

Lösung

Sind in dem abgeschlossenen Betreuungsvertrag keine Sommerschließzeiten geregelt, dann besteht auch keine Möglichkeit für die Leitung, die Kita für diese Zeit zu schließen. Aus dem abgeschlossenen Vertrag folgt die Verpflichtung für den Träger, auf Sommerschließzeiten vollständig zu verzichten.

Die Urlaubsplanung der Mitarbeiter in der Einrichtung ist hierbei nicht von Bedeutung. Der Träger hat daher sicherzustellen, dass eine Einrichtung auch im Sommer geöffnet hat. Schließt die Kita, ohne dass es eine vertragliche Grundlage hierfür gibt, können die Eltern in dem o.g. Beispiel, wenn sie sich nach einer anderen Betreuungsmöglichkeit für ihr Kind umsehen müssen, Schadenersatz in Höhe der entstandenen Betreuungskosten verlangen oder den ihnen entstandenen Verdienstausfall für den Fall, dass sie die Betreuung in der Zeit selbst übernommen haben, geltend machen.

Grundsätzlich ist es möglich, dass ein Träger seine Einrichtung an bestimmten Tagen im Jahr schließt. Die konkrete Anzahl der Schließtage muss dabei ausdrücklich im Betreuungsvertrag genannt sein. In den meisten Kitagesetzen ist eine maximale Anzahl von 20–30 Schließtagen pro

Kitajahr vorgesehen. Um möglichen Auseinandersetzungen mit Eltern hinsichtlich der Bezahlung des Verpflegungsgeldes sowie der Betreuungskosten für den Zeitraum der Schließung zu entgehen, bietet es sich an, in den Betreuungsverträgen eine monatliche Pauschale festzuhalten, die bereits die Schließtage im gesamten Kalenderjahr berücksichtigt und somit unabhängig von den Öffnungszeiten ist.

Das Wichtigste in Kürze

- Eine Schließung der Kita im Rahmen der Ferien ist nur möglich, wenn dies zuvor vertraglich geregelt wurde. Sind keine ausdrücklichen Regelungen hierzu enthalten und die Einrichtung wird geschlossen, macht sich der Träger schadensersatzpflichtig, wenn den Eltern infolge der fehlenden Betreuung ein finanzieller Schaden entsteht.

20 Unfall in der Kita: Vater droht mit Rechtsanwalt

Der kleine Paul bricht sich im Kindergarten beim Spielen unter Beobachtung den Arm. Pauls Eltern werden umgehend über den Unfall informiert, der Unfall wird in das Unfallbuch eingetragen und der gesetzlichen Unfallversicherung gemeldet. Nach der ärztlichen Notversorgung sagt der wütende Vater zu der Leitung, dass er einen Rechtsanwalt einschalten werde und die Einrichtung verklagen wird. Wenige Tage später flattert ein Anwaltsschreiben mit einer Aufforderung, ein Schmerzensgeld in Höhe von 5.000 € binnen zwei Wochen zu zahlen. Die Leitung ist völlig verzweifelt.

Lösung

Es gehört zum Alltag eines Kindergartens dazu, dass sich Kinder beim Spielen und Raufereien verletzen können. In der Regel sind diese Verletzungen nicht auf ein schuldhaftes Verhalten der Aufsichtspersonen zurückzuführen. Aufgrund der Regelungen der §§ 104 f. SGB VII sind in der Kita grundsätzlich Schmerzensgeldansprüche ausgeschlossen. Dies hat der BGH in seinem Urteil vom 04.06.2009 – III ZR 229/07 bestätigt.

Hintergrund für den Ausschluss ist, dass die gesetzliche Unfallversicherung, in der jedes Kind beim Besuch des Kindergartens automatisch versichert ist, den materiellen Nachteil verschuldensunabhängig ersetzt und die Regulierung des Unfalls durch die gesetzliche Unfallkasse einen erheblichen Mehrwert darstellt. Mithin läuft die Forderung der Familie auf Zahlung eines Schmerzensgeldes ins Leere. Die Leitung im o.g. Beispiel sollte das Schreiben an ihren Träger zur Bearbeitung weiterleiten, in der Regel verlaufen derartige Forderungen im Sande. Ein Anspruch auf Zahlung eines Schmerzensgeldes besteht in dem obigen Fall nicht.

Grundsätzlich sollte ein Anwaltsschreiben nicht immer sofort zur Verunsicherung führen. Nicht selten sind die dort genannten Forderungen entweder dem Grunde oder der Höhe nach nicht berechtigt. In jedem Fall empfiehlt es sich, vor Zahlung einer Forderung rechtliche Hilfe in Anspruch zu nehmen, um überprüfen zu lassen, ob ein derartiger Anspruch überhaupt besteht.

Das Wichtigste in Kürze

- Nach §§ 104 f.SGB VII sind in der Kita grundsätzlich Schmerzensgeldansprüche ausgeschlossen. Ausnahmen bestehen nur beim vorsätzlichen Handeln, das in der Regel nicht gegeben ist.
- Der Eingang eines anwaltlichen Schreibens im Kindergarten sollte nicht gleich zur Verunsicherung führen; nicht selten bestehen geltend gemachte Forderungen nicht oder nicht in der geltend gemachten Höhe.

21 Aufsichtspflicht: Vater will vermeintliche Verletzung melden

Mia ist fünf Jahre alt und kommt im Sommer in die Schule. Die älteren Kinder im Kindergarten dürfen jeden Nachmittag alleine ca. 15–20 Minuten auf dem Außengelände des Kindergartens spielen. Hierbei werden sie von den Erzieherinnen durch die Fenster aus der Einrichtung in regelmäßigen zeitlichen Abständen beobachtet. Die Kinder sollen lernen, sich frei zu entfalten und ohne ständige Beaufsichtigung zu spielen. Der Vater von Mia findet diese Regelung nicht gut, er unterstellt den Erzieherinnen Faulheit und teilt der Leitung mit, dass er beim Spielen seines Kindes im Außengelände erwartet, dass Erzieherinnen in unmittelbarer Nähe sind und sofort eingreifen können, wenn etwas sein sollte. Andernfalls werde er sich mit der zuständigen Aufsichtsbehörde in Verbindung setzen und diese über diese Regelung informieren.

Lösung

In § 22 Abs. 2 SGB VIII ist regelt, dass die Aufgabe der Kindertageseinrichtungen unter anderem auch darin besteht, die ihnen zur Betreuung anvertrauten Kinder zu eigenverantwortlichen und gemeinschaftsfähigen Persönlichkeiten zu erziehen. Diese Aufgabe wird nicht dadurch erreicht, dass während der Betreuungszeit eine sogenannte Dauerüberwachung der Kinder erfolgt. Es liegt auch keine Verletzung der Aufsichtspflicht vor, wenn Kinder während eines Zeitraums von 15–20 Minuten unbeaufsichtigt auf dem Außengelände eines Kindergartens spielen.

In dem o.g. Beispiel wäre es sinnvoll, wenn die Leitung dem Vater den Grund für das unbeaufsichtigte Spielen im Außenbereich erläutert. Den Eltern muss klarwerden, dass dies für die Entwicklung des Kindes von großer Bedeutung ist. Sollte der Vater in dem o.g. Beispiel seine Drohung wahrwerden lassen und die Aufsichtsbehörde darüber informieren, ist seitens der Leitung nichts zu befürchten, so lange das Spielen im Außengelände in einem kontrollierten Umfang erfolgt.

Das Wichtigste in Kürze

- Ältere Kitakinder können auch über einen bestimmten Zeitraum unbeaufsichtigt spielen. Hierdurch wird die Aufsichtspflicht nicht immer zwingend verletzt.
- Ein unbeaufsichtigtes Spielen der Kinder ist gut für ihre Entwicklung. Kinder lernen dadurch mit Risiken umzugehen und fühlen sich gestärkt.

22 Stillen während der Betreuungszeit: Mutter kommt Wünschen der Leitung nicht nach

Der kleine Milan ist zwei Jahre alt und besucht die Einrichtung »Sternenhimmel«. Die Mutter von Milan vertritt die Auffassung, dass Kinder bis zu einem Alter von drei Jahren gestillt werden müssen und Muttermilch das Beste für die Kinder sei. Aus diesem Grund kommt die Mutter zur Mittagszeit in die Einrichtung und stillt Milan während der Betreuungszeit. Die anderen Kinder finden dies komisch und Milan wird nicht selten deswegen gehänselt. Die Einrichtungsleitung hat das der Mutter in der Vergangenheit mehrfach mitgeteilt. Diese zeigte sich jedoch desinteressiert. Nunmehr fragt sich die Leitung, ob sie gegenüber der Mutter das Stillen in der Einrichtung verbieten kann.

Lösung

Eine Rechtsgrundlage für den Ausspruch eines Verbotes zum Stillen innerhalb der Betreuungszeiten existiert nicht. Es ist Sache der Mutter darüber zu entscheiden, das Kind während der Betreuungszeit zu stillen. Wichtig ist jedoch hierbei, dass der normale Ablauf in der Kita nicht durch die Stillpausen gestört wird. Daher ist eine gute Abstimmung mit der Mutter hinsichtlich der Stillpausen notwendig.

Mithin hat die Einrichtungsleitung in dem o.g. Fall das Verhalten der Mutter zu dulden. Um das Stillen für Milan jedoch angenehmer zu gestalten und sicherzugehen, dass andere Kinder von dem Vorgang nichts mitbekommen, bietet es sich an, der Mutter für die Zeit des Stillens eine Rückzugsmöglichkeit zur Verfügung zu stellen.

Das Wichtigste in Kürze

- Besteht seitens der Mütter der Wunsch ihre Kinder während des Kitabesuches zu stillen, sollte zwischen der Einrichtung und der jeweiligen Mutter eine konkrete Absprache hinsichtlich der Stillzeiten getroffen werden.
- Es ist empfehlenswert, den Müttern zum Stillen eine Rückzugsmöglichkeit zu geben, so lässt es sich vermeiden, dass unter Umständen Fragen von anderen Kindern zum Stillvorgang kommen und die gestillten Kinder deswegen von anderen gehänselt werden.

23 Fotos über WhatsApp: Vater beauftragt Anwalt

Die Kitaabschlussfahrt steht in der Einrichtung »Regenbogen« an. Im Vorfeld dazu findet ein Elternabend statt auf dem die anwesenden Eltern den Wunsch äußern, während der Fahrt über den Messenger-Dienstleister WhatsApp mit Fotos ihrer Kleinen versorgt zu werden.

Die Bezugserziehrein kommt diesem Wunsch nach und gründet extra für diese Abschlussfahrt eine Gruppe bei dem Messenger-Dienst über ihr privates Handy. Sie nimmt alle Kontaktdaten der Eltern, auch der, die am besagten Elternabend nicht anwesend waren, der teilnehmenden Kinder auf und postet fleißig während der Abschlussfahrt Fotos von den Kindern.

Nach Rückkehr von der Abschlussfahrt ist ein Elternteil sehr erbost über das Vorgehen. Dieses Elternteil war an dem besagten Elternabend nicht anwesend und wusste bis zum Erhalt der Fotos nichts über diesen Wunsch der anderen Eltern. Wenige Tage nach der Abschlussfahrt geht beim Träger der Einrichtung ein Anwaltsschreiben mit einer strafbewährten Unterlassungserklärung ein. Die Erzieherinnen verstehen die Welt nicht mehr, schließlich wollten sie den Eltern nur einen Wunsch erfüllen.

Lösung

Kinder haben ebenso wie Erwachsene Persönlichkeitsrechte. Mithin dürfen keinerlei Bilder von Kindern veröffentlicht und verbreitet werden, wenn keine Einwilligung der Abgebildeten oder von deren gesetzlichen Vertretern vorliegt. Durch die Verbreitung der Bilder hat die Erzieherinnen gegen datenschutzrechtliche Vorschriften verstoßen und eine bußgeldbewährte Ordnungswidrigkeit begangen. Dem Träger ist ihr Verhalten zuzurechnen. Die Tatsache, dass die Erzieherin eigentlich den anderen Eltern einen Gefallen tun wollte, ändert nichts an der rechtlichen Beurteilung. Die Verbreitung von Kinderfotos ohne die Einwilligung der Sorgeberechtigten kann neben zivilrechtlichen Folgen auch strafrechtliche Folgen haben. So ist es möglich, dass die Verbreitung der Kinderbilder ohne Einwilligung sogar strafrechtlich verfolgt wird.

Der Träger ist rechtlich auf der sicheren Seite, wenn er durch eine Handlungsanweisung die Kommunikation zwischen seinen Mitarbeitern und den Sorgeberechtigten über Messenger-Dienste wie WhatsApp komplett verbietet und in regelmäßigen zeitlichen Abständen an dieses Verbot erinnert. Sollten aus der Elternschaft die Bitten nach der Verbreitung von Fotos auf diesem Wege kommen, so gibt es auch hier gute Argumente, um ihnen das ausgesprochene Verbot zu erläuterten.

Zum einen verbietet die Allgemeinen Geschäftsbedingungen von WhatsApp die dienstliche Nutzung dieses Dienstes, zum anderen wird vielen Eltern nicht bewusst sein, dass durch das Versenden von Kinderfotos diese automatisch auf diversen Endgeräten bzw. in diversen Clouds gespeichert werden können.

Weiterhin sollte auch die Privatsphäre der Mitarbeiter beachtet werden. Kein Mitarbeiter kann verpflichtet werden, seine private Mobilfunknummer an die Eltern herauszugeben und sein eigenes Datenvolumen für diese Art der Kommunikation einzusetzen. Durch die Weitergabe der privaten Nummer besteht zudem die Gefahr, dass die Mitarbeiter in ihrer Freizeit von den Eltern kontaktiert werden und sich verpflichtet fühlen, diesen zu antworten.

Wenn all diese Gründe gegenüber der Elternschaft erläutert werden, wird es kaum ein Elternteil geben, welches nicht verstehen wird, weshalb ein Träger ein solches Verbot ausspricht.[22]

In dem oben dargestellten Praxisbeispiel hat die Erzieherin gleich mehrfach gegen datenschutzrechtliche Vorgaben verstoßen. Zum einen war schon die Aufnahme der Telefonnummer des Vaters in eine WhatsApp Gruppe nicht rechtskonform, da es sich hierbei ebenfalls um personenbezogene Daten handelt, zum anderen hat sie durch das Versenden der Bilder ohne eine schriftliche Einwilligung wiederholt gegen die Persönlichkeitsrechte der abgebildeten Kinder verstoßen.

Das Wichtigste in Kürze
- Verbieten Sie innerhalb Ihrer Einrichtung die Kommunikation zwischen Sorgeberechtigten und Mitarbeitern über Messenger-Dienste wie WhatsApp mit einer schriftlichen Handlungsanweisung. Erläutern Sie gegenüber der Elternschaft und den Mitarbeitern die Gründe für ein solches Verbot und rufen Sie dieses immer wieder in zeitlichen Abständen in Erinnerung.

---

22. Ein Muster für eine Handlungsanweisung hinsichtlich der Benutzung des Messenger-Diensten sowie weiterer Medien während der Dienstzeit finden Sie in den Mustervorlagen.

- Existiert ein solches Verbot nicht in Ihrer Einrichtung und kommt es zum Verbreiten von Fotos ohne schriftliche Einwilligung über Messenger-Dienste, kann der Träger durch die gesetzlichen Vertreter in Anspruch genommen und abgemahnt werden. In diesen Fällen fallen oft hohe Kosten an, die vom Träger erstattet werden müssen.

- Weiterhin besteht auch die Gefahr, dass in Fällen der unberechtigten Verbreitung von Kinderfotos die zuständige Aufsichtsbehörde eingeschaltet wird.

- Existiert in der Einrichtung bereits eine entsprechende Handlungsanweisung und wird gegen diese durch Mitarbeiterinnen verstoßen, besteht die Möglichkeit, arbeitsrechtlich hiergegen vorzugehen.

24 Erzieherin mit Kopftuch: Eltern fordern das Ablegen

In der konfessionslosen Einrichtung »Villa Kunterbunt« arbeitet seit Jahren die Erzieherin Maja. Eines Tages kommt diese Erzieherin zur Überraschung der Kollegen, Kinder und Eltern mit einem Kopftuch in die Einrichtung und teilt mit, dass sie nunmehr zum Islam konvertiert ist und jetzt immer ein Kopftuch tragen wird.

Einige der Eltern sehen das Kopftuch eher als kritisch an und sind an die Leitung mit der Bitte herangetreten, die Erzieherin aufzufordern, das Kopftuch abzulegen. Die Eltern sehen infolge des Tragens des Kopftuches die Gefahr, dass ihre Kinder hierdurch beeinflusst werden. Die Leitung der Einrichtung fragt sich nun, ob sie eine Möglichkeit hat, um die Erzieherin zum Ablagen des Kopftuches zu bewegen, schließlich möchte sie erneute Konflikte mit den Eltern vermeiden.

Lösung

Das Bundesverfassungsgericht hat in seinem Kammerbeschluss vom 18.10.2016 nun entschieden, dass ein Verbot des Tragens eines Kopftuches während des Dienstes in der Kindertagesstätte einen schwerwiegenden Eingriff in das Grundrecht auf Glaubens- und Bekenntnisfreiheit (Art. 4 Abs. 1 und 2 GG) der betroffenen Erzieherin darstellt.

Allein vom Tragen des religiösen Kleidungsstücks gehe noch kein unzulässiger werbender oder missionierender Effekt aus, erklärte das Bundesverfassungsgericht in einem weiteren Beschluss. Ein generelles Kopftuchverbot verstoße daher gegen die im Grundgesetz geschützte Glaubens- und Gewissensfreiheit. Mithin hat die Leitung in dem oben dargestellten Praxisbeispiel keine Handhabung, der Erzieherin das Tragen eines Kopftuches zu verbieten.

Das Wichtigste in Kürze

- Der Leitung einer konfessionslosen Kindertageseinrichtung ist es rechtlich nicht möglich, einer Erzieherin das Tragen eines Kopftuches zu verbieten.

Teil II
Konflikte aus dem Kitaalltag mit Bewerberinnen und Mitarbeiterinnen

25 Diskriminierung in Stellenausschreibung: Bewerber klagt auf Entschädigung

Die Einrichtungsleitung des Kindergartens »Wirbelwind« ist dringend auf der Suche nach neuem Personal zum bevorstehenden Kitajahr. Sie veröffentlicht auf der Homepage des Kindergartens eine Stellenausschreibung für die offene Stelle und formuliert die Stellenausschreibung wie folgt:

Unser Kindergarten sucht zum kommenden Kitajahr eine junge, dynamische, körperlich belastbare Erzieherin für die Betreuung unserer Kinder. Idealerweise sollten Sie nicht älter als 45 Jahre alt sein. Wir freuen uns über Ihre vollständigen Bewerbungsunterlagen einschließlich eines Fotos.

Bei der Einrichtungsleitung gehen zahlreiche Bewerbungen ein, unter anderem bewirbt sich ein erfahrener Erzieher im Alter von 47 Jahren bei der Einrichtung. Die Leitung entscheidet sich jedoch am Ende für eine andere Bewerberin. Kurze Zeit später geht ein Anwaltsschreiben in der Einrichtung ein. Der nicht berücksichtigte Bewerber macht nunmehr einen Entschädigungsanspruch gegen den Träger der Einrichtung geltend. Er ist der Auffassung, dass er aufgrund seines Geschlechts sowie seines Alters im Rahmen des Bewerbungsverfahrens nicht berücksichtigt wurde. Die Leitung ist schockiert über das Anwaltsschreiben, sie hat sich lediglich aufgrund der besseren Qualifikationen für die andere Bewerberin entschieden. Bedauerlicherweise hatte sie keine Zeit, um den Bewerbungsprozess zu dokumentieren. Weder das Geschlecht, noch das Alter des abgelehnten Bewerbers spielten bei ihrer Entscheidung jedoch eine Rolle. Die Leitung fragt sich nunmehr, ob die Forderung des nicht berücksichtigten Bewerbers berechtigt ist und wie sie in Zukunft bei Stellenausschreibung vorzugehen hat.

Lösung

Diskriminierungen in Stellenausschreibung können teuer werden. Mittlerweile lesen viele Menschen Stellenausschreibung, um später infolge der Verletzung des AGG (Allgemeines Gleichbehandlungsgesetz) eine Entschädigungszahlung zu erwirken. Auch kleine Träger sollten bei der Formulierung von Stellenausschreibungen professionell vorgehen und diese absolut neutral formulieren, um spätere rechtliche Auseinandersetzungen mit den Bewerbern zu verhindern. Laut AGG ist eine Ungleichbehandlung aufgrund folgender Kriterien unzulässig:

- Geschlecht
- Rasse/ethnische Herkunft
- Religion/Weltanschauung
- Behinderung
- Alter
- sexuelle Identität

Das bedeutet, dass Arbeitgeber offene Stellen nicht nur für Frauen oder Männer ausschreiben dürfen. Geschlechtsneutral ist eine Stellenanzeige nur dann, wenn sie in der weiblichen und männlichen Berufsbezeichnung erfolgt. So etwa »Erzieherin/Erzieher«. Auch die Auswahlkriterien »dynamisch« und »körperlich belastbar«, wie im obigen Praxisbeispiel, können nach Ansicht von Arbeitsrechtexperten eine mittelbare Diskriminierung Älterer und Behinderter bedeuten. Daher sollte auch auf solche Formulierungen vollständig verzichtet werden. Gleiches gilt für das Erfordernis nach der Zusendung eines Fotos; auch dies könnte von Bewerbern als mögliche Benachteiligung gewertet werden. Denn immerhin lassen sich von einem Foto wiederum Rückschlüsse auf Alter und Herkunft des Bewerbers ziehen. Bei der Formulierung von Stellenanzeigen ist daher äußerste Vorsicht geboten, notfalls sollte hier die professionelle Hilfe eines Rechtsanwaltes für das Erstellen einer Musterstellausschreibung in Anspruch genommen werden. In dem obigen Beispiel müsste der Träger nunmehr detailliert nachweisen, dass der Bewerber nicht allein auf Grund seines Geschlechts oder Alters abgelehnt wurde, sondern weil die andere Bewerberin besser qualifiziert war.

Von Bedeutung ist im Rahmen eines Bewerbungsprozesses nicht nur das Vermeiden von Ungleichbehandlungen, sondern auch die Dokumentation und Archivierung des gesamten Bewerbungsvorgangs von der Stellenausschreibung über das Vorstellungsgespräch bis zum Auswahlprozess und den Entscheidungsgründen für die Einstellung. Nur so kann später nachgewiesen werden, dass keine verbotene Ungleichbehandlung erfolgt ist. Dieser Nachweis ist zwingend erforderlich, da der Bewerber nur Tatsachen nachweisen muss, die auf eine verbotene Ungleichbehandlung schließen lassen. Dafür ist bereits eine unzulässige Frage in der Stellenausschreibung, die nicht geschlechtsneutral formuliert ist oder eine Altersangabe, wie auch in diesem Beispiel enthalten, ausreichend. In diesem Fall kehrt sich die Beweislast um, das heißt der Arbeitgeber muss seinerseits nachweisen, dass trotz dieser Indizien keine verbotene Ungleichbehandlung erfolgt ist. Die lässt sich in der Regel nur anhand einer sehr ausführlichen Dokumentation nachweisen.

Das Wichtigste in Kürze

- Nutzen Sie Berufsbezeichnungen, die per se neutral sind, beispielsweise »pädagogische Fachkraft«. Dadurch werden automatisch Frauen und Männer angesprochen.
- Nennen Sie sowohl die weibliche als auch die männliche Berufsbezeichnung (»Wir suchen zum nächstmöglichen Zeitpunkt einen Erzieher/eine Erzieherin«).
- Ergänzen Sie den Zusatz m/w (männlich/weiblich), um zum Ausdruck zu bringen, dass auch bei einer geschlechtsspezifischen Berufsbezeichnung beide Geschlechter angesprochen sind.
- Wählen Sie altersneutrale Formulierungen und verzichten Sie auf Kriterien wie »jung und dynamisch« und »körperlich belastbar« sowie auf die Vorlage eines Fotos bei den Bewerbungsunterlagen.
- Auch sollte auf die Formulierung »Native Speaker« in Stellenausschreibungen verzichtet werden, denn hier wird alleine nach der Herkunft differenziert. Es ist auch denkbar, dass ein Bewerber aus einem anderen Land bessere Sprachkenntnisse besitzt als der Muttersprachler. Wählen Sie daher lieber Formulierungen wie »Es sind ausgezeichnete Kenntnisse der englischen Sprache erforderlich«.

26 Anfahrtskosten für das Bewerbungsgespräch: Bewerberin fordert Übernahme der Fahrtkosten

Die Einrichtung »Sonnenhut« in Berlin ist dringend auf der Suche nach Personal und sucht über das Internet nach Mitarbeitern. Eines Tages geht bei der Leitung eine interessante Bewerbung ein. Die Bewerberin hat ihren derzeitigen Wohnsitz in Freiburg und wäre bereit, für einen Job nach Berlin umzuziehen. Die Leitung lädt die Bewerberin zu einem Gespräch ein. Über die Übernahme von Kosten, die für die Anfahrt nach Berlin anfallen, wird im Rahmen der Einladung nicht gesprochen. Am Ende entscheidet sich die Leitung gegen die Bewerberin. Wenige Wochen später flattert Post in die Einrichtung.

Die Bewerberin fordert den Träger auf, die ihr entstandenen Kosten in Höhe von 400 € für die Anfahrt nach Berlin vollständig zu übernehmen. Die Leitung ist mehr als verwundert, in der Vergangenheit haben die Bewerber nie derartigen Kostenerstattungen geltend gemacht.

Lösung

Wenn ein Arbeitgeber eine Bewerberin zum persönlichen Vorstellungsgespräch einlädt, kann die Bewerberin nach der ständigen Rechtsprechung des Bundesarbeitsgerichts die Aufwendungen ersetzt verlangen, welche sie den Umständen nach für erforderlich halten durfte. Die Rechtsgrundlage zum Ersatz dieser Kosten ist § 670 BGB.

Dazu gehören Fahrtkosten mit dem eigenen PKW, mit öffentlichen Verkehrsmitteln oder auch die Kosten für ein Taxi. Flug- oder Übernachtungskosten werden dagegen nur im Ausnahmefall übernommen. Ersatz für einen Urlaubstag, den die Bewerberin für das Vorstellungsgespräch genommen hat, muss dagegen nicht geleistet werden.

Der Anspruch besteht unabhängig davon, ob eine Bewerberin auf eine Stellenanzeige des Arbeitgebers reagiert oder ob es sich um eine Initiativbewerbung handelt – entscheidend ist die ausdrückliche Einladung des Arbeitgebers. Auch spielt es keine Rolle, ob die Bewerberin eingestellt wird oder nicht. Weiterhin ist es auch unerheblich, ob ein fester Arbeitsplatz oder eine Praktikumstelle zu besetzen ist. Der Arbeitgeber hat jedoch auch die Möglichkeit, von vornherein eine Übernahme der Kosten ausdrücklich auszuschließen.

Hierfür ist es zu Nachweiszwecken ratsam, im Einladungsschreiben ausdrücklich darauf hinzuweisen, dass eine Übernahme von Reisekosten nicht erfolgen wird. Zudem besteht auch die Möglichkeit die Übernahme von Reisekosten nur bis zu einer bestimmten, vom Arbeitgeber festgelegten Höhe, zu erstatten. Wichtig ist in diesem Zusammenhang lediglich, dass dies schriftlich und im Zuge der Einladung zum Gespräch geschieht.[23] Ein späterer Ausschluss wäre nicht wirksam. Erfolgt kein Ausschluss im Vorfeld, müssen die Reisekosten vom Arbeitgeber getragen werden. In dem oben näher beschriebenen Praxisfall könnte die Bewerberin ohne Probleme ihre Reisekosten beim Träger geltend machen. Für die Geltendmachung der Kosten gilt die Regelverjährung von drei Jahren. Die Reisekosten dürfen nicht pauschal geltend gemacht werden, sondern müssten dann im Detail nachgewiesen werden.

Das Wichtigste in Kürze

- Erfolgt im Zuge der Einladung zum Bewerbungsgespräch kein ausdrücklicher Ausschluss der Übernahme von Reisekosten, sind der Bewerberin diese zu erstatten.
- Sollte ein Arbeitgeber vorn vorherein die Übernahme von Reisekosten ausschließen wollen, ist dies grundsätzlich möglich. Dies sollte dem Bewerber jedoch schriftlich und im Vorfeld eines Gespräches mitgeteilt werden.

---

23. Das Muster in den Mustervorlagen des Buches enthält einen derartigen Ausschluss. Außerdem finden Sie in den Mustervorlagen des Buches unterschiedliche Formulierungsvorschläge für Bewerberabsagen.

27 Probearbeiten in der Kita: Leitung möchte Bewerber testen

Die Einrichtungsleitung der Kita »Regenbogen« ist gerade auf der Suche nach einem geeigneten Koch für ihre Einrichtung. Es gab viele Bewerbungen, eine Entscheidung fällt ihr schwer, da drei Bewerber gleich gut qualifiziert sind. Gerne würde sie das Können der Bewerber testen und sie jeweils zum Probearbeiten in die Einrichtung einladen. Sie ist sich jedoch unsicher, ob das rechtlich möglich ist.

Lösung

Probearbeiten kommt mittlerweile in vielen Branchen vor. Aus Sicht des Arbeitgebers sind hier einige Besonderheiten zu beachten, um zu verhindern, dass durch ein sogenanntes »Probearbeiten« ein unbefristetes Arbeitsverhältnis bergründet wird.

Bei einer Arbeit auf Probe muss rechtlich zwischen weisungsabhängiger und weisungsunabhängiger Arbeit unterschieden werden. Erbringt eine Person »auf Probe« eine weisungsabhängige Arbeitsleistung besteht laut § 612 BGB regelmäßig ein Arbeitsverhältnis und ein Entgeltanspruch auf der Basis einer üblichen Vergütung.

Steht hingegen das zeitlich begrenzte Kennenlernen eines Arbeitsplatzes ohne weisungsabhängige Arbeitspflicht im Mittelpunkt, liegt kein vergütungspflichtiges Arbeitsverhältnis vor. Während des Probearbeitens sollte daher darauf geachtet werden, dass keine gegenseitigen Rechte und Pflichten zwischen dem Bewerber und dem Arbeitgeber begründet werden. Der Bewerber sollte in die Einrichtung eingeladen werden, um sich mit der Einrichtung, den internen Abläufen und den Kollegen vor Ort vertraut zu machen. Es sollte vermieden werden, den Bewerber vollständig in den Betriebsablauf an diesem Tag zu integrieren.

An Probetagen sollten die Bewerber daher höchstens kleinere Aufgaben erledigen, damit noch von einem Einfühlungsverhältnis und nicht von einem Arbeitsverhältnis gesprochen werden kann. Die Kandidaten sollten an diesem Tag möglichst nur mitlaufen und nur kleinere verwertbare Arbeitsleistungen erbringen.

Bei einem Koch würde nichts dagegensprechen, ihn eine Mahlzeit vorbereiten zu lassen, um seine Fähigkeiten zu überprüfen. Das Arbeiten auf

Probe sollte jedoch nicht länger als zwei Tage andauern und am besten nur wenige Stunden am Tag, so wäre man in Abgrenzung zu der Begründung eines Arbeitsverhältnisses auf der sicheren Seite.

Das Wichtigste in Kürze

- Ein Probearbeiten ist grundsätzlich rechtlich möglich, wenn auf bestimmte Dinge geachtet wird. Der Bewerber sollte nicht vollständig in den Betriebsablauf eingegliedert werden, vielmehr geht es beim Probearbeiten um ein gegenseitiges Kennenlernen.
- Dem Bewerber sollten nur kleinere Aufgaben übertragen werden und das Probearbeiten sollte nur wenige Stunden dauern und nicht über einen längeren Zeitraum gehen.

28 Probezeit im Arbeitsvertrag vergessen: Kitaleitung will Arbeitsverhältnis frühzeitig beenden

Die Leitung der Einrichtung »Sternenhimmel« hat viele neue Kollegen eingestellt. Bedauerlicherweise ist sie mit der Tätigkeit einer Kollegin nach nur wenigen Wochen der Beschäftigung nicht zufrieden und würde diese gerne entlassen. Leider hat sie es versäumt in dem Arbeitsvertrag eine Probezeit zu vereinbaren, und fragt sich nunmehr, ob es auch ohne diese Regelung möglich ist, das Arbeitsverhältnis zu beenden.

Lösung

Wer ein neues Arbeitsverhältnis eingeht, der muss sich in der Regel innerhalb einer vertraglich definierten Zeit bewähren. Dieser Zeitraum wird Probezeit genannt. In der Regel findet sich in jedem Arbeitsvertrag eine Regelung zur Dauer der Probezeit.

Die Probezeit im Arbeitsvertrag kann ganz unterschiedlich lange dauern. Es sind 3-Monatsfristen genauso möglich wie 6-Monatsfristen. Gesetzlich ist es jedoch nicht vorgeschrieben, dass eine vertragliche Probezeit zwischen dem Arbeitgeber und dem Arbeitnehmer im Rahmen eines Arbeitsvertrages vereinbart werden muss. Es ist daher auch durchaus möglich, dass in Arbeitsverträgen keine Regelungen zu einer Probezeit enthalten sind, Ausnahmen hiervon gelten nur für Ausbildungsverhältnisse.

Wenn tatsächlich keine Probezeit vereinbart wurde, wie im obigen Beispiel, ist der wesentliche Unterschied zwischen einem Arbeitsverhältnis mit und einem ohne Probezeit die Kündigungsfrist in den ersten Monaten des Arbeitsverhältnisses.

Nach § 622 Abs. 1 BGB beträgt die Kündigungsfrist in den ersten zwei Jahren vier Wochen zum 15. eines Monats oder zum Monatsletzten. Ist eine Probezeit hingegen vertraglich vereinbart, können auch in dieser Zeit kürzere Fristen gelten. Ein weit verbreiteter Irrtum liegt darin, dass viele Arbeitnehmer beim Fehlen einer vertraglichen Regelung zur Probezeit davon ausgehen, dass ihnen nicht gekündigt werden kann. Dem ist jedoch nicht so. Es gibt gerade keinen Unterschied bezüglich der Kündigungsgründe zwischen Arbeitsverträgen mit und ohne Probezeit. Die Probezeit hat keinen Einfluss auf die Frage, ob der Arbeitgeber einen Kündigungsgrund benötigt oder nicht.

Diese Frage regelt das Kündigungsschutzgesetz (KSchG). Eine der Voraussetzungen für die Anwendbarkeit des KSchG ist, dass das Arbeitsverhältnis mindestens sechs Monate besteht. Und zwar unabhängig davon, ob eine Probezeit gilt oder nicht. In dem obigen Beispiel wäre die Beendigung des Arbeitsverhältnisses daher kein Problem, da das Arbeitsverhältnis noch keine sechs Monate besteht. Ein besonderer Kündigungsgrund ist nicht notwendig. Für den Ausspruch der Kündigung sind die gesetzlichen Fristen des § 622 Abs. 1 BGB zu beachten. Sollte der Träger der Einrichtung über einen Betriebsrat verfügen, so ist dieser zwingend im Vorfeld des Ausspruches der Kündigung anzuhören.

Tipp

Oft lohnt sich der Verzicht auf die Vereinbarung einer Probezeit oder die Vereinbarung einer verkürzten Probezeit von etwa 3 Monaten. Die meisten Arbeitnehmer werden davon ausgehen, dass sie unkündbar sind und dann ihr »wahres Gesicht« zeigen. Es besteht innerhalb der ersten sechs Monate des Beschäftigungsverhältnisses immer die Möglichkeit, das Arbeitsverhältnis zu beenden, ohne dass das Kündigungsschutzgesetz seine Anwendung findet. Wichtig in diesem Zusammenhang ist jedoch die Beachtung der gesetzlichen Kündigungsfristen.

Das Wichtigste in Kürze

- Auch ohne eine vertragliche Vereinbarung zur Probezeit im Arbeitsvertrag kann dieser innerhalb der ersten sechs Monate des Beschäftigungsverhältnisses aufgelöst werden. Beachten Sie hierbei die längeren Kündigungsfristen des § 622 Abs. 1 BGB.

29 Streik im Nahverkehr: Mitarbeiter erscheinen nicht zur Arbeit

Für die kommenden Tage wurde im Großraum Berlin ein Streik der öffentlichen Verkehrsmittel angekündigt. Die meisten Arbeitnehmer der Einrichtung »Kinderinsel« kommen mit den öffentlichen Verkehrsmitteln zur Arbeit und haben nunmehr gegenüber der Leitung schon angekündigt, dass sie in den kommenden Tagen nicht zur Arbeit kommen können. Die Leitung ist sich nicht sicher, wie sie mit dieser Information umgehen soll. Sie kann die Einrichtung nicht für die Tage des Streiks schließen, da die meisten Eltern ihre Kinder wie gewohnt in die Einrichtung bringen werden.

Lösung

Grundsätzlich trägt der Arbeitnehmer das Wegerisiko, dies gilt auch für bevorstehende Streiks von Verkehrsmitteln. § 616 Satz 1 BGB verpflichtet den Arbeitgeber nämlich nur dann zur Fortzahlung des Arbeitsentgelts ohne Gegenleistung, wenn der Arbeitnehmer »durch einen in seiner Person liegenden Grund ohne sein Verschulden« nicht arbeiten kann.

Dies bedeutet, dass sich der Verhinderungsgrund also speziell auf den Arbeitnehmer als Person beziehen muss.

Ein Streik der Verkehrsmittel fällt nicht hierunter. Der Arbeitnehmer hat in eigener Verantwortung dafür zu sorgen, dass er pünktlich zur Arbeit kommt. Fehlen Arbeitnehmer wegen Streiks oder Naturereignissen wie Schnee, Glatteis, Hochwasser etc. riskieren sie eine anteilige Kürzung des Gehaltes. In dem obigen Beispiel sollten die Arbeitnehmer darauf hingewiesen werden, dass die Streiks grundsätzlich keine Auswirkungen auf die Verpflichtung zur Erbringung der Arbeitsleistung haben. Selbstverständlich steht es der Leitung frei, sofern der Betriebsablauf nicht beeinträchtigt wird, darüber zu entscheiden, ob sie bestimmten Arbeitnehmern für diesen Zeitraum Urlaub gewähren kann oder diese ohne Fortzahlung des Entgeltes freigestellt werden können. Eine rechtliche Verpflichtung hierzu besteht jedoch nicht.

Das Wichtigste in Kürze

- Das Wegerisiko trägt grundsätzlich der Arbeitnehmer. Er muss dafür Sorge tragen, dass er auch bei Streiks oder Naturereignissen seiner Arbeitsverpflichtung nachkommt.
- Erscheinen Arbeitnehmer in den o.g. Fällen nicht zur Arbeit, riskieren sie eine Kürzung des Entgeltes und haben auch unter Umständen mit anderen arbeitsrechtlichen Konsequenzen zu rechnen.

30 Arztbesuch während der Arbeitszeit: Mitarbeiterin fordert Freistellung für Arzttermin

Eine Erzieherin in der Einrichtung »Sonnenhut« legt sich seit einiger Zeit ihre zahnärztlichen Vorsorgeuntersuchungen in die reguläre Arbeitszeit und ist der Auffassung, dass der Träger ihr auch für diese Zeit ein Entgelt zahlen muss. Schließlich ist es ihr nicht möglich, nach ihrer Schicht einen Termin wahrzunehmen, da die Arztpraxis täglich um 14:00 Uhr schließt.

Dieses Vorgehen führt dazu, dass nunmehr auch andere Kolleginnen in ihrer Arbeitszeit Arzttermine wahrnehmen wollen. Die Leitung fragt sich, ob sie verpflichtet ist, die Mitarbeiter unter Fortzahlung der Bezüge für die Arztbesuche während der Arbeitszeit freizustellen.

Lösung

Grundsätzlich gilt der Grundsatz »ohne Arbeit kein Lohn«. Arztbesuche gelten dabei als Privatsache des jeweiligen Arbeitnehmers, weswegen dieser keinen generellen Freistellungsanspruch gegenüber seinem Arbeitgeber hat.

Es gibt jedoch auch Ausnahmen, wonach der Arbeitgeber seine Beschäftigten von der Arbeit freistellen muss und den Lohn fortzuzahlen hat. Diese Ausnahmen gelten immer dann, wenn der Arztbesuch ärztlich notwendig ist und der Arbeitnehmer keinen Einfluss auf sein Fernbleiben hat. Es kommt daher auf den konkreten Einzelfall an. Ist beispielsweise ein Arzttermin während der Arbeitszeit notwendig, geht der Arbeitsausfall zulasten des Arbeitgebers – dieser muss den Arbeitnehmer freistellen und den Arbeitslohn fortzahlen. Hierfür ist es jedoch zwingend erforderlich, dass eine besondere Dringlichkeit für den Arztbesuch vorliegt. In dem obigen Praxisfall, in dem es lediglich um eine zahnärztliche Vorsorgeuntersuchung geht, wird diese Dringlichkeit nicht gegeben sein. Eine Freistellung unter Fortzahlung der Bezüge wäre daher nicht möglich. In Fällen des akuten Behandlungsbedarfes wäre die Sache rechtlich anders zu beurteilen; hier wäre der Arbeitgeber zur Freistellung unter Fortzahlung der Bezüge verpflichtet.

Gleiches ist bei der Wahrnehmung von Terminen bei Spezialisten anzunehmen, wenn ein Termin nur während der Arbeitszeit zu realisieren ist und es dem Arbeitnehmer nicht zumutbar ist, Tage oder gar Wochen auf einen Termin zu warten, nur weil die jeweilige Arztpraxis keinen anderen Termin vergibt. In derartigen Fällen sollte sich der Arbeitnehmer dies auch von der Arztpraxis bestätigen lassen, denn nur so lässt sich ein Missbrauch kontrollieren.

Eine weitere Ausnahme ist die Wahrnehmung von Vorsorgeuntersuchungen während der Schwangerschaft. Die Freistellung für Untersuchungen, die bei Schwangerschaft und Mutterschaft erforderlich sind, wird in § 7 MuSchG geregelt. Der zeitliche Abstand und der Umfang von Untersuchungen sind in den Richtlinien des Bundesausschusses der Ärzte und Krankenkassen festgelegt. Für diese Untersuchungen muss der Arbeitgeber eine werdende Mutter grundsätzlich unter Fortzahlung des Entgeltes freistellen.

Das Wichtigste in Kürze

- Ob eine bezahlte Freistellung für die Wahrnehmung von Arztbesuchen erfolgen muss, ist eine Einzelfallentscheidung.
- Sofern eine Untersuchung dringlich und notwendig ist, besteht ein Freistellungsanspruch.

31 Starke Raucherin: Mitarbeiterin besteht auf ihre stündlichen Pausen

In der Einrichtung »Kleine Piraten« arbeiten einige Arbeitnehmerinnen, die starke Raucherinnen sind. Immer wieder kommt es deswegen zu Streitigkeiten innerhalb der Teams, da die Raucherinnen häufiger Pausen machen als die anderen Kolleginnen.

In der Zeiterfassung, die alle Arbeitnehmerinnen pflegen, werden diese kurzen Pausen nicht eingetragen. In der Regel halten sich die Mitarbeiterinnen bei den Raucherpausen 3–4 Minuten draußen auf und kommen dann wieder in die Gruppe. Dies erfolgt in der Regel ca. einmal stündlich. Die nicht rauchenden Kolleginnen sind darüber empört, dass die Raucherpausen nicht als Pausenzeiten in der Zeiterfassung vermerkt werden. Die Leitung der Einrichtung weiß nicht so recht, wie sie mit dem Problem des Rauchens umgehen soll.

Sie fragt sich, ob Raucherpausen aus rechtlicher Sicht anders zu bewerten sind und ob diese zu den regulären Pausenzeiten zusätzlich gewährt werden müssen.

Lösung

Es ist gesetzlich geregelt, dass nach sechs Stunden Arbeit mindestens 30 Minuten Pause durch den Arbeitgeber gewährt werden müssen. Diese arbeitsrechtlich festgelegte Pause dient grundsätzlich der Erholung und nicht dem Rauchen. Ein darüberhinausgehender Anspruch auf die Gewährung von zusätzlichen Raucherpausen existiert nicht. Die Zigarette während der Arbeitszeit ist daher keine zulässige Arbeitsunterbrechung wie der Gang zur Toilette.

Es steht den Arbeitgebern natürlich frei, ihren Mitarbeitern freiwillig Raucherpausen zu gewähren. Unter welchen Voraussetzungen diese Pausen dann genommen werden können, ist betriebsintern zu regeln. So kann beispielsweise verlangt werden, dass die genommenen Raucherpausen nachgearbeitet werden. Um Konflikte im Team zu vermeiden, sollte die Leitung im obigen Beispiel eine interne Regelung für die Gewährung von Raucherpausen aufstellen, denn sonst besteht die Gefahr, dass nichtrauchende Kolleginnen benachteiligt werden, in dem sie mehr arbeiten als die rauchenden Kolleginnen. Rauchen während der Arbeitszeit gilt daher als Privatsache. Wichtig ist in diesem Zusammenhang, dass in dieser Zeit auch kein Unfallversicherungsschutz besteht. Weiterhin ist der Leitung zu raten, auf dem gesamten Einrichtungsgelände das Rauchen zu verbieten und das Verbot auch zu überwachen.

Das Wichtigste in Kürze

- Rauchen ist keine Arbeitszeit, auch dann nicht, wenn es nur wenige Minuten dauert.
- Es existiert kein gesetzlicher Anspruch auf eine Raucherpause. Arbeitgeber können hiervon jedoch eine Ausnahme machen. In diesen Fällen muss dann geregelt werden, wie die Raucherpausen nachzuarbeiten sind.
- Treffen Sie eine schriftliche Regelung darüber, wie Raucherpausen nachzuarbeiten sind. So lassen sich etwaige Konflikte im Vorfeld vermeiden.

32 Personalnotstand: Leitung will genehmigten Urlaub streichen

In der Einrichtung »Fledermäuse« herrscht aufgrund von mehreren Langzeiterkrankungen akuter Personalnotstand und die Sommerferien stehen bevor. Da die Einrichtung keine Schließzeiten im Sommer hat, muss sie geöffnet bleiben. Die Einrichtungsleitung hat zu Beginn des Kitajahres für die Sommerferien mehreren Kollegen den Urlaub genehmigt. Nun steht sie vor dem Problem, dass sie die Einrichtung schließen müsste, wenn die Kollegen tatsächlich in den Urlaub fahren würden. Sie fragt sich, ob sie den bereits genehmigten Urlaub einfach so widerrufen könne.

Lösung

Ist der Urlaub einmal festgelegt worden, so kann dies regelmäßig weder durch einseitige Erklärung des Arbeitnehmers noch durch eine solche des Arbeitgebers rückgängig gemacht werden. Dies wurde durch das Bundesarbeitsgericht bereits mehrfach bestätigt.[24]

Daher ist es nicht zulässig, dass der Arbeitgeber aus organisatorischen Gründen den bereits erteilten Urlaub widerruft. Ist eine nachträgliche Änderung beabsichtigt, bedarf es vielmehr einer entsprechenden Vereinbarung zwischen dem Arbeitgeber und dem Arbeitnehmer. Liegt eine einvernehmliche Regelung nicht vor, ist es für den Arbeitgeber nur unter ganz engen Gesichtspunkten möglich, den Urlaub zu widerrufen. Voraussetzung hierfür ist, dass der Träger praktisch vor einer Schließung der Einrichtung steht und andere Möglichkeiten wie zum Beispiel der Einsatz von Aushilfen bzw. Zeitarbeitskräften nicht möglich ist. Der Widerruf des Urlaubes sollte daher immer die letzte Möglichkeit sein. In dem o.g. Beispiel wäre der Einrichtungsleitung zu raten, bei den Eltern der Kinder zunächst zu erfragen, ob eine Betreuung in den Sommermonaten auch tatsächlich in Anspruch genommen wird.

Oft vergessen die Eltern gegenüber der Einrichtung mitzuteilen, dass sie in den Urlaub fahren werden. Dadurch kann es natürlich sein, dass sich der Personalschlüssel verändert. Sollte es tatsächlich so sein, dass die Einrichtungsleitung gezwungen wäre die Einrichtung in dem o.g. Fall zu

---

24. Bundesarbeitsgericht, Urteil vom 20.06.2000 – Az. 9 AZR 405/99 und Bundesarbeitsgericht, Urteil vom 14.03.2006 – 9 AZR 11/05.

schließen, wenn die Mitarbeiter den genehmigten Urlaub wahrnehmen, könnte man über das Vorliegen eines Ausnahmefalles nachdenken. In diesem Fall muss die Einrichtungsleitung unter Abwägung aller sozialen Gesichtspunkte (Ferien der Kinder, Urlaubsmöglichkeiten des Partners, wie groß ist der Erholungsbedarf etc.) entscheiden, bei welchem ihrer Mitarbeiter sie den Urlaub widerruft. Im Falle eines Widerrufes wäre der Träger zum Ersatz des Schadens verpflichtet, der dem Mitarbeiter infolge des Widerrufes entsteht (bspw. Reisekosten, Stornokosten etc.). Es ist nochmals festzuhalten, dass ein Widerruf eines Urlaubes der absolute Ausnahmefall sein sollte.

Das Wichtigste in Kürze

- Einen bereits genehmigten Urlaub können Sie nur in einem absoluten Ausnahmefall widerrufen.
- An das Vorliegen des Ausnahmefalls sind sehr hohe Voraussetzungen geknüpft.

33 Regelmäßige Krankmeldung: Kitaleitung fordert Attest ab dem ersten Tag

In der Einrichtung »Farbkleckse« gibt es eine Mitarbeiterin, die sich in den letzten Monaten wiederholt für die Dauer von zwei Tagen krankgemeldet hat. In der Regel erfolgte die Krankmeldung nach einem Wochenende, ein Attest wurde nicht vorgelegt, da die Mitarbeiterin immer nur an zwei Tagen gefehlt hat. Der Einrichtungsleitung sind diese Krankmeldungen ein Dorn im Auge, da sie den Verdacht hat, dass die Mitarbeiterin nicht wirklich erkrankt war. Sie fragt sich, ob sie bereits ab dem ersten Tag der Krankmeldung in Zukunft ein Attest von der besagten Mitarbeiterin verlangen kann.

Lösung

Nach einem Urteil des Bundesarbeitsgerichtes können Arbeitgeber ein ärztliches Attest schon ab dem ersten Krankheitstag verlangen, ohne das begründen zu müssen. Geregelt ist dies in § 5 Abs. 1 Satz 3 Entgeltfortzahlungsgesetz (EntgFG).

Es ist ein Irrtum, dem viele Arbeitnehmer unterliegen, wenn sie davon ausgehen, dass ein Attest erst ab dem 3. Tag gegenüber dem Arbeitgeber vorzulegen ist. In § 5 des Entgeltfortzahlungsgesetzes heißt es, dass der Arbeitnehmer bei einer Arbeitsunfähigkeit von »mehr als drei Tagen« eine ärztliche Bescheinigung vorlegen muss. Doch gleichzeitig räumt das Gesetz dem Arbeitgeber das Recht ein, die Krankschreibung »früher« zu verlangen. Dies hat das Bundesarbeitsgericht in seinem Urteil bestätigt. Die meisten Arbeitgeber machen von diesem Recht keinen Gebrauch und verlangen erst ab dem vierten Fehltag eine Krankschreibung.

Das ist gerade bei leichteren Erkrankungen sinnvoll und dient der Genesung meist mehr, einen Tag das Bett zu hüten, als gleich zum Arzt zu gehen und dort mit anderen Kranken im Wartezimmer zu warten. Liegen jedoch bestimmte Umstände vor wie ein wiederholtes Fehlen von wenigen Tagen in der Regel nach einem Wochenende, macht es durchaus aus Arbeitgebersicht Sinn, bei bestimmten Mitarbeitern von der üblichen Praxis abzuweichen und ein Attest ab dem ersten Fehltag zu verlangen. Selbstverständlich kann der Arbeitgeber auch bei allen Arbeitnehmern eine Vorlage eines Attestes ab dem ersten Tag verlangen.

Allerdings ist hier zu beachten, dass in einem solchen Fall dem Betriebsrat, sofern ein solcher beim Träger vorhanden ist, gem. § 87 Abs. 1 Nr. 1
BetrVG ein Mitbestimmungsrecht zusteht, weil diese generelle Anordnung
eine Regelung der betrieblichen Ordnung im Sinne des BetrVG darstellt.

Das Wichtigste in Kürze

• Ihnen steht es frei, ab dem ersten Fehltag einer Arbeitnehmerin ein
ärztliches Attest zu verlangen. Auch können Sie nur bei bestimmten
Mitarbeitern ein Attest verlangen, ohne dass es hierfür einer besonderen Begründung bedarf.

34 Herbstfest: Mitarbeiterinnen verweigern Wochenendarbeit

In der Einrichtung »Sausewind« steht das jährliche Herbstfest bevor, welches dieses Jahr auf Wunsch der berufstätigen Eltern am Wochenende stattfinden soll. Während des Festes soll die ganze Belegschaft anwesend sein, es werden unterschiedliche Aktivitäten erfolgen und das Personal und die Eltern sollen ins Gespräch kommen. Die Einrichtungsleitung hat diesen Tag lange im Voraus mit dem Team geplant und den Mitarbeitern zugesichert, dass die Teilnahme am bevorstehenden Herbstfest selbstverständlich als Arbeitszeit gewertet wird. Am Tage des Herbstfestes fehlen zwei Mitarbeiterinnen. Einen Tag zuvor, teilten diese gegenüber der Leitung mit, dass sie am Samstag nicht kommen werden, da sie lieber das Wochenende mit ihren Familien verbringen wollen. In den Arbeitsverträgen der Erzieherinnen findet sich keine Regelung zu den Arbeitstagen. Die Leitung der Einrichtung ist verärgert über das Verhalten der Erzieherinnen, sie ist sich jedoch nicht sicher, ob es eine Verpflichtung für die Arbeitnehmerinnen gibt am Samstag für den Träger tätig zu werden.

Lösung

Sofern sich in dem abgeschlossenen Arbeitsvertrag keine Regelung zu den Arbeitszeiten am Wochenende findet, steht es dem Arbeitgeber (Träger der Einrichtung) frei, diesbezüglich ein Weisungsrecht gegenüber seinen Arbeitnehmerinnen auszuüben, so dass er im Rahmen der betrieblichen Notwendigkeiten seine Arbeitnehmerinnen auch am Wochenende einsetzen kann. Die Durchführung eines solchen Festes würde als betriebliche Notwendigkeit gewertet werden. Das Weisungsrecht steht in dem oben näher beschriebenen Fall der Einrichtungsleitung zu. Sofern die Leitung die Anwesenheit am Wochenende angeordnet hat, haben die Mitarbeiterinnen dieser Weisung auch nachzukommen.

Es ist davon auszugehen, dass die Weisung zur Teilnahme auch ordnungsgemäß und nach pflichtgemäßen Ermessen ausgesprochen wurde. Mithin waren die Mitarbeiterinnen verpflichtet, an dem Fest am Samstag teilzunehmen.

Durch das Fehlen haben sie gegen ihre arbeitsvertraglichen Pflichten verstoßen. Die Leitung hat nunmehr die Möglichkeit der Ermahnung oder der Abmahnung. Der Ausspruch einer Kündigung in dem o.g. Beispiel wäre nicht wirksam, da dies unverhältnismäßig wäre. Sollte sich dieses Verhalten der Mitarbeiterinnen in Zukunft wiederholen, könnte die Einrichtungsleitung unter Umständen über den Ausspruch einer verhaltensbedingten Kündigung nachdenken. Hierbei ist jedoch zu erwähnen, dass die Hürden für den Ausspruch einer solchen Kündigung sehr hoch sind.

Der Leitung ist zu raten, mit den Mitarbeiterinnen ein Gespräch zu führen und sie bei einem derartigen erstmaligen Verstoß nur zur ermahnen und sie darauf hinzuweisen, dass die Anwesenheit am Wochenende nicht die Regel, sondern die Ausnahme darstellt.

Das Wichtigste in Kürze

- Sofern keine Regelung zum Arbeiten am Wochenende im Arbeitsvertrag vorzufinden ist, können Sie bzw. der Träger der Einrichtung ein Arbeiten am Wochenende aufgrund einer betrieblichen Notwendigkeit anordnen. Dies umfasst das Weisungsrecht des Arbeitgebers.

35 Stillen während der Arbeitszeit: Team verärgert über längere Pausen der Kollegin

Die Erzieherin Pia ist nach ihrer Elternzeit wieder zurück in der Einrichtung »Villa Kunterbunt«. Zuhause hat sie ein Kind, welches acht Monate alt ist und welches noch von ihr gestillt wird. Pia besteht deswegen darauf, dass sie während ihrer Arbeitszeit zum Stillen kurz nach Hause fahren kann.

Im Team führt dieser Wunsch zur Verunsicherung, da die anderen Kolleginnen es nicht gerecht finden, dass ihre Kollegin Pia längere Pausen machen darf.

Lösung

Nach § 7 des Mutterschutzgesetzes (MuSchG) ist es Arbeitnehmerinnen möglich, ihr Kind während der Arbeitszeit zu stillen. Die stillenden Frauen können vom Arbeitgeber verlangen, dass er sie von der Arbeitsleistung freistellt, ohne dass dies mit einer finanziellen Einbuße verbunden wäre.

Die Arbeitnehmerin hat mindestens zweimal täglich eine halbe Stunde oder einmal täglich eine Stunde Zeit für eine Stillpause, unabhängig von einer Teilzeit- oder Vollzeittätigkeit. Beträgt die tägliche Arbeitszeit aber zusammenhängend mehr als acht Stunden, ohne dass dazwischen eine Pause von wenigstens zwei Stunden liegt, sollen der Arbeitnehmerin mindestens zweimal 45 Minuten oder einmal 90 Minuten Stillpause eingeräumt werden.

Die Frage, wann und wie oft gestillt wird, richtet sich nach den individuellen Bedürfnissen von Mutter und Kind. Orientierung kann hier der von Kinderärzten empfohlene Stillrhythmus von vier Stunden bieten. Wie lange ein Kind tatsächlich gestillt werden darf, beantwortet § 7 MuSchG nicht. Es gibt keine gesetzliche Obergrenze für die Länge der Stillperiode.

§ 7 Abs. 2 regelt seit dem 01.01.2018, dass eine stillende Frau für die ersten 12 Monate nach der Entbindung für die zum Stillen erforderliche Zeit freigestellt werden muss.

Das Wichtigste in Kürze

- Erklären Sie Ihren Mitarbeiterinnen, dass die Stillzeit gesetzlich verankert ist und die Kollegin einen Anspruch darauf hat.

36 Befristetes Arbeitsverhältnis: Leitung will Vertrag weiter befristen

In der Einrichtung »Zwergenburg« gibt es eine Mitarbeiterin, die einen befristeten 2-Jahresvertrag ohne sachlichen Grund hat. Dieser Vertrag läuft bald ab. Die Einrichtungsleitung war zu Beginn der Beschäftigung sehr zufrieden mit der Mitarbeiterin. Ursprünglich hatte die Leitung vor, die Mitarbeiterin zu entfristen, mittlerweile ist sie sich diesbezüglich jedoch nicht sicher und fragt sich, ob sie den Vertrag für ein weiteres Jahr mit der Erzieherin befristen könnte.

Lösung

Die kalendermäßige Befristung eines Arbeitsvertrages ist ohne Vorliegen eines sachlichen Grundes gemäß § 14 Abs. 2 Satz 1 Teilzeit- und Befristungsgesetz nur bis zur Dauer von zwei Jahren zulässig. Bis zur Gesamtdauer von zwei Jahren ist zudem die dreimalige Verlängerung des kalendermäßig befristeten Arbeitsvertrages zulässig. Von dieser Regelung gibt es nur wenige Ausnahmen, die nur in den seltensten Fällen einschlägig sein dürften:

• Sofern ein Tarifvertrag in dem Betrieb existiert, können die Tarifpartner eine abweichende Höchstdauer für die Befristung festlegen. Wie das Bundesarbeitsgericht 2012 entschieden hat, kann dies auch ein längerer Zeitraum sein als zwei Jahre.

• Bei neu gegründeten Unternehmen ist der Gesetzgeber von vornherein etwas großzügiger: In den ersten vier Jahren nach der Gründung dürfen Mitarbeiter bis zu vier Jahre lang befristet beschäftigt werden (§ 14 Abs. 2a TzBfG).

• Eine weitere Ausnahme gilt für Arbeitnehmer, die mindestens 52 Jahre alt sind und vor der Anstellung mindestens vier Monate arbeitslos waren. Sie dürfen laut § 14 Abs. 3 TzBfG bis zu fünf Jahre befristet angestellt werden (sogenannte 52er-Regel).

In dem oben näher beschriebenen Fall liegt ein Arbeitsvertrag vor, der ohne Sachgrund für die Dauer von zwei Jahren geschlossen wurde und bei dem die zwei Jahre bald ablaufen. Eine darüberhinausgehende Befristung ist rechtlich nicht möglich, da laut Sachverhalt keinerlei Angaben für eine Ausnahmeregelung vorliegen. Die Leitung muss sich daher im konkreten

Fall überlegen, ob sie den Vertrag entfristen möchte oder ob sie ihn auslaufen lässt.

Das Wichtigste in Kürze

- Eine Befristung eines Arbeitsvertrages kann ohne das Vorliegen eines Sachgrundes maximal für die Dauer von zwei Jahren abgeschlossen werden, eine darüberhinausgehende Befristung ist nur in wenigen Ausnahmefällen möglich.

37 Lange Krankmeldung: Leitung will Probezeit verlängern

Der Erzieher Max ist erst seit fünf Monaten in der Einrichtung »Wirbelwind« beschäftigt. Laut abgeschlossenem Arbeitsvertrag beträgt die Probezeit in dem Arbeitsvertrag sechs Monate. Leider war Max in den vergangenen Monaten sehr häufig krank, deswegen ist sich die Einrichtungsleitung nicht sicher, ob sie von der Möglichkeit der Kündigung in der Probezeit Gebrauch machen soll. Sie würde viel lieber die Probezeit um weitere drei Monate »verlängern«, auch der Erzieher Max wäre damit einverstanden, schließlich ist ihm eine Verlängerung der Probezeit wesentlich lieber als eine Kündigung in der Probezeit. Der Einrichtungsleitung kommen jedoch Zweifel, ob ihr Vorgehen rechtlich korrekt ist.

Lösung

Wie lange eine Probezeit dauern darf, ist gesetzlich nicht geregelt. Es sollte jedoch vermieden werden, eine längere Probezeit als sechs Monate zu vereinbaren. Hintergrund ist, dass in Betrieben mit mehr als 10 Arbeitnehmern nach einer Beschäftigungszeit von mehr als sechs Monaten das Kündigungsschutzgesetz gilt.

Danach ist eine Kündigung nur noch beim Vorliegen eines sogenannten Kündigungsgrundes möglich. Daher ist der Leitung in dem oben geschilderten Fall dringend davon abzuraten, die Probezeit zu verlängern. Dies gilt auch trotz der Tatsache, dass der Erzieher Max seine Einwilligung hierzu erteilt hat. Nach Ablauf der sechs Monate würde auch für ihn das Kündigungsschutzgesetz greifen und eine Kündigung wäre während der verlängerten Probezeit nicht ohne das Vorliegen eines Kündigungsgrundes möglich.

Es gibt für den oben geschilderten Sachverhalt jedoch eine Lösung. Die Leitung könnte, statt eine Kündigung auszusprechen, einen Aufhebungsvertrag mit einer längeren Frist mit dem Erzieher abschließen und ihm im Rahmen des Aufhebungsvertrages eine bedingte Wiedereinstellung zusichern, sofern er sich bewähren sollte. Das wäre für die Einrichtungsleitung eine Chance, um zu schauen, ob eine Zusammenarbeit möglich erscheint. Für den Erzieher wäre es ebenfalls eine gute Möglichkeit, um die Leitung von sich zu überzeugen. So bietet der Abschluss eines Aufhebungsvertrages für beide Seiten durchaus Vorteile.

Das Bundesarbeitsgericht hat entschieden, dass eine faktische Verlängerung der Probezeit durch einen Aufhebungsvertrag möglich ist. Ein solcher Aufhebungsvertrag ist auch nicht wegen Umgehung der gesetzlichen Kündigungsschutzvorschriften unwirksam. Hierbei muss jedoch die faktische Verlängerung der Probearbeitszeit angemessen sein. In der Regel wird man davon ausgehen dürfen, dass ein Zeitraum von ein bis zwei Monaten noch als angemessen angesehen werden darf. Voraussetzung ist weiterhin, dass der Arbeitgeber gegenüber dem Arbeitnehmer offen darlegt, dass er die Probezeit nicht als bestanden ansieht und er vor Beginn des Kündigungsschutzes das Arbeitsverhältnis beenden möchte. Der Aufhebungsvertrag muss zudem innerhalb der sechsmonatigen Probezeit abgeschlossen werden.

Das Wichtigste in Kürze

- Eine Verlängerung einer sechsmonatigen Probezeit sollte nicht erfolgen, da bei einem Betrieb von mehr als 10 Arbeitnehmern nach Ablauf von sechs Monaten – unabhängig von der Dauer der Probezeit – das Kündigungsschutzgesetz greift und eine Kündigung nach Ablauf dieser Wartefrist nur beim Vorliegen eines Kündigungsgrundes möglich ist.

38 Neues Tattoo: Mitarbeiterin soll sich bedeckt kleiden

Eines Tages kommt die Erzieherin Kristin mit einer sichtbaren Tätowierung auf ihrem Arm zum Dienst. Auf dem Arm ist nunmehr ein sehr großer und bunter Schmetterling zu sehen. Sie wird von zahlreichen Kindern und Eltern hierauf angesprochen. Die Einrichtungsleitung ist wenig begeistert von diesem neuem »Schmuckstück« der Mitarbeiterin. Sie fragt sich, ob sie der Erzieherin nunmehr eine Pflicht auferlegen kann, langärmlige Oberteile zu tragen und somit die Tätowierung zu verdecken.

Lösung

Grundsätzlich ist das Erscheinungsbild und damit auch das Tragen von Piercings und Tattoos sowie anderen Körperschmuck die Privatangelegenheit von Arbeitnehmern. Dennoch ergeben sich für Arbeitgeber in verschiedener Hinsicht Gründe dafür, diese zu verbieten. So hat der Arbeitgeber im Rahmen seiner allgemeinen Fürsorgepflicht nach den Grundsätzen von Treu und Glauben auf das Wohl und die berechtigten Interessen des Arbeitnehmers zu achten.

Das Tragen von Piercings im Kitaalltag kann durchaus zu Verletzungen führen. Deswegen könnte der Arbeitgeber das Tragen von Piercings aufgrund eines Verletzungsrisikos gegenüber seinen Mitarbeitern untersagen. Bei den Tätowierungen sieht dies etwas anders aus. Ein mögliches Verletzungsrisiko ist hier nicht gegeben. Es ist jedoch zu hinterfragen, ob das konkrete Tattoo womöglich gegen die Ausrichtung und gegen das Konzept des Trägers verstößt oder, ob Kinder von den Tattoos womöglich Angst bekommen könnten. Dies könnte beispielsweise bei Vampiren, Schädelabbildungen und vergleichbaren Bildern anzunehmen sein. In dem o.g. Praxisfall hat sich die Erzieherin einen Schmetterling tätowieren lassen.

Bei diesem Bild ist nicht davon auszugehen, dass sich die Kinder gruseln könnten. Ein Verstoß gegen das Konzept des Trägers wird bei einem Schmetterling auch nicht anzunehmen sein. Daher hat die Leitung keinerlei Möglichkeiten, der Erzieherin die Pflicht aufzuerlegen, langärmlige Oberteile zu tragen, um die Tätowierung zu verdecken.

Das Wichtigste in Kürze

- Sofern eine Tätowierung keine bestimmte Symbolkraft ausstrahlt oder von dieser eine gewisse Gesinnung ausgeht und die Kinder sich vor der Tätowierung nicht gruseln, wird man ein Verbot nicht dahingehend aussprechen können, dass diese zu verdecken ist.

39 Unpünktlichkeit am Arbeitsplatz: Leitung will Mitarbeiterin kündigen

In der Einrichtung »Sternenhimmel« kommt die Erzieherin Manuela, die oft im Frühdienst eingesetzt wird, in letzter Zeit ständig zu spät. Es sind zwar manchmal nur 10–15 Minuten, dennoch führt die Verspätung häufig dazu, dass in der ersten Stunde der Öffnungszeit der Einrichtung der Betreuungsschlüssel nicht eingehalten wird.

Manchmal stehen sogar Eltern, die ihre Kinder sehr früh bringen, vor verschlossenen Türen. Die Einrichtungsleitung ist empört über das ständige Zuspätkommen und möchte am liebsten sofort die Kündigung aussprechen. Sie ist sich jedoch nicht sicher, ob dies geht.

Lösung

Unpünktlichkeit am Arbeitsplatz belastet das Arbeitsverhältnis, stört den Betriebsablauf und ärgert andere Kollegen und Kunden. Pünktlich zur Arbeit zu kommen, ist eine wichtige Nebenpflicht aus dem Arbeitsverhältnis.

Wer gegen die Nebenpflicht verstößt, hat mit Konsequenzen seitens des Arbeitgebers zu rechnen. In dem oben beschriebenen Fall kann die Leitung jedoch nicht gleich die Kündigung aussprechen. Denn ein Zuspätkommen ist in der Regel kein so schwerwiegender Verstoß. Bei dem Ausspruch einer verhaltensbedingten Kündigung ist es immer notwendig, dass bereits vorher innerhalb einer gewissen Zeit eine Reihe von Abmahnungen wegen desselben Verhaltens ausgesprochen wurden. Eine Abmahnung als solche hat noch keine rechtlichen Konsequenzen. Sie erfolgt in der Regel (zu Nachweiszwecken) schriftlich und hat das Ziel, dem Mitarbeiter darzulegen, dass er sich nicht richtig verhalten hat.

Doch nicht jedes Zuspätkommen darf gleich mit einer Abmahnung sanktioniert werden. Hier kommt es auf die Umstände des konkreten Einzelfalls an. Wer 10 Jahre immer pünktlich zur Arbeit erschienen ist, darf nicht wegen einer einmaligen Verspätung abgemahnt werden. Verhältnismäßig ist dies erst, wenn sich in diesem Fall die Unpünktlichkeit häuft. Dies ist in dem oben geschilderten Fall einschlägig. Die Einrichtungsleitung müsste jedes Zuspätkommen der Mitarbeiterin einzeln abmahnen, bei dem Vorliegen von mehreren Abmahnungen wegen desselben Fehlverhaltens kann dann unter bestimmten Voraussetzungen auch eine Kündigung des Arbeitsverhältnisses ausgesprochen werden. Hier kommt es zum einen darauf an, wie oft der Arbeitnehmer wegen eines ähnlichen Vorfalls abgemahnt worden ist. Man wird in der Regel davon ausgehen können, dass bei dreimaligen Zuspätkommen innerhalb eines kurzen Zeitraumes eine Kündigung gerechtfertigt wäre.[25]

In dem oben genannten Beispielsfall müsste die Leitung zunächst jedes Zuspätkommen einzeln abmahnen. Erst beim Vorliegen mehrerer Abmahnungen wegen des Zuspätkommens innerhalb eines kurzen Zeitraumes kann eine Kündigung ausgesprochen werden.

Das Wichtigste in Kürze

• Der Ausspruch einer Kündigung beim Zuspätkommen wäre ohne vorherige Abmahnungen unverhältnismäßig und nicht wirksam.

• Wichtig ist, für jedes einzelne Zuspätkommen eine entsprechende Abmahnung auszustellen. Achten Sie darauf, dass Sie eine Abmahnung immer schriftlich aussprechen und dass Sie das pflichtwidrige Verhalten zuvor nicht bereits mündlich abgemahnt haben. In diesen Fällen besteht nämlich die Gefahr der Verwirkung und die mündlich ausgesprochene Abmahnung wird sich nur schwer nachweisen lassen.

---

25. Ein Muster einer Abmahnung wegen Zuspätkommens finden Sie in den Mustervorlagen des Buches.

40 Ohne Grund: Mitarbeiterin verlangt Zwischenzeugnis

Die Erzieherin Magda kommt eines Tages zu der Einrichtungsleitung und bittet diese, ein Zwischenzeugnis zu erstellen. Die Einrichtungsleitung ist über den Wunsch sehr verwundert, denn Magda ist eine langjährige und zuverlässige Mitarbeiterin mit der es noch nie Probleme gab. Sie fragt sich, ob sie dem Wunsch entsprechen muss und tatsächlich ein sogenanntes Zwischenzeugnis ausstellen muss.

Lösung

Ein gesetzlicher Anspruch auf Ausstellung eines Zwischenzeugnisses existiert grundsätzlich nicht. In der Vergangenheit haben unterschiedliche Gerichte jedoch entschieden, dass ein Anspruch eines Arbeitnehmers auf Erstellung eines sogenannten Zwischenzeugnisses besteht, sofern ein berechtigtes Interesse des Arbeitnehmers vorliegt. Ein solches ist insbesondere in den nachfolgenden Fällen anzunehmen:

- bei Änderungen im Arbeitsverhältnis (beispielsweise Wechsel der Aufgaben, Übernahme von besonderen Aufgaben in der Vergangenheit);
- bei betrieblichen Veränderungen (beispielsweise Wechsel des Vorgesetzten, drohende Insolvenz des Arbeitgebers, Betriebsnachfolge oder Betriebsübergang, Personalabbaupläne, angekündigte Kündigung des Arbeitsverhältnisses);
- bei persönlichen Veränderungen (beispielsweise: Unterbrechung der Beschäftigung wegen Elternzeit, Freistellung als Betriebsrat);
- zur Vorlage bei Banken, Behörden oder für Fortbildungsmaßnahmen;
- möglicher beruflicher Wechsel (muss nicht näher dargelegt werden).

Da insbesondere der letztgenannte Punkt in jedem Arbeitsverhältnis einschlägig sein kann, ist davon auszugehen, dass ein Arbeitnehmer grundsätzlich einen Anspruch auf die Ausstellung eines Zwischenzeugnisses hat, ohne dass er dies gesondert begründen muss. Ein allgemeiner Hinweis gegenüber dem aktuellen Arbeitgeber, es bestehe die Gelegenheit, sich arbeits- bzw. entgeltmäßig zu verbessern, sollte in jedem Fall ausreichen, um den Anspruch geltend zu machen.

In dem oben näher beschriebenen Fall ist der Leitung zu raten, ein entsprechendes Zwischenzeugnis auszustellen. Das Zwischenzeugnis hat im

Vergleich zum Abschlusszeugnis einige Besonderheiten, die beachtet werden müssen.[26]

Das Wichtigste in Kürze

- Der Anspruch auf Erstellung eines Zwischenzeugnisses ist gesetzlich nicht geregelt. Grundsätzlich besteht ein Anspruch in den Fällen, in denen der Arbeitnehmer ein berechtigtes Interesse darlegen kann.
- Ein berechtigtes Interesse besteht beispielsweise in folgenden Fällen: Wechsel des Vorgesetzten, Wechsel der Aufgaben, längere Abwesenheit, Suche nach einem neuen Job etc.

---

26. Formulierungen für die Erstellung eines Arbeitszeugnisses sowie eine Übersicht zu den Besonderheiten für die Erstellung eines Zwischenzeugnisses finden Sie in den Mustervorlagen und Übersichten des Buches.

41 Krankschreibung: Mitarbeiterin möchte wieder vorzeitig arbeiten

In der Einrichtung »Schatzinsel« herrscht wieder einmal Personalnotstand, da zahlreiche Erzieher krankgeschrieben sind. Auch die Erzieherin Maja ist krankgeschrieben. Ihr Arzt hat sie vorsorglich für zwei Wochen krankgeschrieben, damit sie genug Zeit hat, um sich auszukurieren. Nach einer Woche fühlt sie sich wieder gesund und möchte am liebsten wieder arbeiten gehen. Sie ruft bei ihrer Einrichtungsleitung an und fragt, ob sie trotz der Arbeitsunfähigkeitsbescheinigung zur Arbeit kommen kann, da es ihr wieder vollständig gut geht und sie gerne die Kollegen unterstützen möchte. Die Einrichtungsleitung ist sich nicht ganz sicher, ob dies möglich ist, schließlich ist die Kollegin ja noch offiziell krankgeschrieben.

Lösung

Grundsätzlich stellt eine Arbeitsunfähigkeitsbescheinigung kein Arbeitsverbot dar. Es handelt sich hierbei lediglich um eine vom Arzt gemachte Prognose über den zu erwartenden Krankheitsverlauf. Von daher kann ein Mitarbeiter prinzipiell trotz einer Krankschreibung wieder arbeiten, wenn er sich wieder gesund und arbeitsfähig fühlt. Das Verlangen nach einer »Gesundschreibung« ist daher nicht notwendig. Auch aus versicherungsrechtlicher Sicht gibt es hier keine Besonderheit. Ein Mitarbeiter, der trotz Krankschreibung zur Arbeit kommt, hat den üblichen Versicherungsschutz in der gesetzlichen Unfallversicherung ebenso wie in der Krankenversicherung. Dies gilt jedoch ausdrücklich nicht für etwaig ausgesprochene Beschäftigungsverbote. Der Arbeitgeber hat jedoch gegen den krankgeschriebenen Mitarbeiter sowie gegenüber den anderen Mitarbeitern eine sogenannte Fürsorgepflicht. Er muss daher sichergehen, dass der krankgeschriebene Mitarbeiter auch tatsächlich wieder gesund und arbeitsfähig ist und die anderen Kollegen nicht ansteckt.

In dem o.g. Praxisfall kann die Mitarbeiterin auch trotz der Arbeitsunfähigkeitsbescheinigung zum Dienst erscheinen. Die Leitung sollte sich jedoch vergewissern, ob die Mitarbeiterin tatsächlich gesund ist und sich arbeitsfähig fühlt.

Das Wichtigste in Kürze

- Ein Mitarbeiter kann auch trotz einer AU-Bescheinigung seine Tätigkeit wiederaufnehmen; eine »Gesundschreibung« kennt das Gesundheitswesen nicht, sie ist daher nicht notwendig.
- Der Arbeitgeber hat jedoch gegenüber dem krankgeschriebenen Mitarbeiter sowie gegenüber den anderen Mitarbeitern eine sogenannte Fürsorgepflicht. Er hat daher sicherzustellen, dass der krankgeschriebene Mitarbeiter tatsächlich einsatzfähig ist und eine Ansteckungsgefahr nicht besteht. Bestehen diesbezüglich Zweifel, hat der Arbeitgeber die Möglichkeit, den Betriebsarzt einzuschalten und die Arbeitsfähigkeit des Mitarbeiters zu überprüfen.

42 Plötzlich schwanger: Neue Mitarbeiterin verschweigt Schwangerschaft bei Einstellung

Die Leitung der Einrichtung »Kinderinsel« freut sich darüber, dass sie eine Erzieherin gefunden hat. Der Arbeitsvertrag wurde vor wenigen Tagen unterzeichnet, die Tätigkeit soll in einem Monat aufgenommen werden. Nun teilt die neue Mitarbeiterin mit, dass sie schwanger ist und die Tätigkeit aufgrund eines vom Arzt ausgesprochenen Beschäftigungsverbotes nicht aufnehmen wird. Die Einrichtungsleitung fragt sich, ob sie in diesem Fall eine Kündigung des Arbeitsverhältnisses aussprechen kann, schließlich wurde in dem Arbeitsvertrag auch eine Probezeit von sechs Monaten vereinbart und normalerweise besteht in dieser Zeit auch die Möglichkeit, sich relativ problemlos von einem Mitarbeiter zu trennen. Außerdem ärgert sie sich darüber, dass sie die Bewerberin nicht nach einer möglichen Schwangerschaft während des Gespräches gefragt hat.

Lösung

Grundsätzlich ist eine Kündigung während der Schwangerschaft nicht möglich. Das regelt § 17 des Mutterschutzgesetzes. Auch bis vier Monate nach der Entbindung ist die Mutter vor einer arbeitgeberseitigen Kündigung geschützt. Dies gilt auch, wenn die Mitarbeiterin noch in der vertraglich vereinbarten Probezeit ist oder kurz vor Antritt des Beschäftigungsverhältnisses steht, wie im oben näher beschriebenen Fall.

Die Probezeit – die in der Regel drei bis sechs Monate dauert – kann durch eine Schwangerschaft somit verkürzt werden bzw. erst gar nicht erfolgen (o. g. Sachverhalt). Denn ein halbes Jahr nach der Anstellung greift das Kündigungsschutzgesetz. Dann kann nicht mehr ohne Grund gekündigt werden. Das Mutterschutzgesetz gilt für alle Arbeitnehmerinnen, auch für Auszubildende oder geringfügig Beschäftigte.

Dieser besondere Schutz gilt jedoch nicht für die Fälle, in denen betriebs- oder verhaltensbedingte Kündigungsgründe vorliegen, die nichts mit der Schwangerschaft zu tun haben. In diesen absoluten Ausnahmefällen kann auch der Arbeitgeber gegenüber einer Schwangeren eine Kündigung aussprechen. Vor Ausspruch der Kündigung ist der Arbeitgeber jedoch verpflichtet, sich eine entsprechende Genehmigung von der zuständigen

Aufsichtsbehörde einzuholen (in der Regel Gewerbeaufsicht oder die zuständigen Bezirksregierungen). Ohne diese Genehmigung ist der Ausspruch der Kündigung nicht wirksam.

In dem zuvor beschriebenen Sachverhalt hat die Einrichtungsleitung keinerlei Möglichkeit, sich von der neu eingestellten Mitarbeiterin zu trennen. Es gelten die Regelungen des Mutterschutzgesetzes. Gründe, die für eine betriebsbedingte oder verhaltensbedingte Kündigung sprechen können, sind nicht ersichtlich.

Auch wäre die Frage nach einer Schwangerschaft im Bewerbungsgespräch rechtlich nicht zulässig gewesen, da es sich hierbei um eine unzulässige Diskriminierung wegen des Geschlechts handelt.[27]

Das Wichtigste in Kürze

• Der Ausspruch einer Kündigung während der Probezeit ist aufgrund der Regelungen im Mutterschutzgesetz nicht wirksam. Schwangeren Mitarbeiterinnen können Sie daher nicht kündigen, es sei denn, es liegen verhaltensbedingte oder betriebsbedingte Gründe vor. Ist dies der Fall, müssen Sie für den Ausspruch der Kündigung eine Genehmigung der Aufsichtsbehörde einholen.

---

27. Eine Übersicht von unzulässigen Fragen im Rahmen von Bewerbungsgesprächen finden Sie in den Übersichten am Ende des Buches.

43 Trotz Krankschreibung: Mitarbeiterin fährt in den Urlaub

Aus der Einrichtung »Traumland« hat sich eine Mitarbeiterin für die nächsten zwei Wochen krankgemeldet. Der Grund ihrer Krankheit ist nicht bekannt. Die Einrichtungsleitung bekommt auf Umwegen die Informationen, dass während der Zeit der Krankschreibung die Mitarbeiterin ständig Urlaubsfotos von der Ostsee in einem sozialen Netzwerk postet. Die Einrichtungsleitung ist hierüber wenig erfreut und fragt sich, ob sie eine Kündigung in diesem Fall aussprechen kann. Schließlich kann es doch nicht sein, dass man sich krankmeldet und dann an die See fährt.

Lösung

Krankgeschriebene Arbeitnehmer müssen nicht zwingend zu Hause bleiben und das Bett hüten, zumindest dann nicht, wenn ihre Krankheit das nicht verlangt. Alle Handlungen, die ihre Genesung nicht behindern oder sogar befördern, sind erlaubt. Daher dürfen krankgeschriebene Mitarbeiter etwa verreisen, sofern dies der Genesung nicht schadet. Selbstverständlich ist es nicht angebracht, mit einer Grippe in den Skiurlaub zu fahren oder mit einem gebrochenen Bein einen Tauchurlaub zu machen. Es kann jedoch auch Erkrankungen geben, in denen der Arzt gerade dem Arbeitnehmer dazu raten wird, dass dieser in den Urlaub fahren soll, um sich dort zu entspannen. Das kann insbesondere bei psychischen Erkrankungen eine Rolle spielen.

Da aus dem oben geschilderten Sachverhalt nicht ausdrücklich hervorgeht, weswegen die Mitarbeiterin krankgeschrieben ist, ist eine pauschale Beantwortung der Frage nicht möglich. Die Einrichtungsleitung könnte grundsätzlich in diesem Fall eine Kündigung aussprechen, es besteht jedoch die Gefahr, dass die Mitarbeiterin im Falle eines Kündigungsschutzprozesses nachweisen kann, dass die Urlaubstage an der Ostsee ihrer Genesung nicht geschadet haben.

In diesem Fall wäre die ausgesprochene Kündigung nicht wirksam.

Das Wichtigste in Kürze

• Eine Krankschreibung bedeutet nicht automatisch, dass man seine Wohnung nicht verlassen darf. Während der Krankschreibung ist alles erlaubt, was den Heilungsprozess in irgendeiner Form fördern kann.

44 Personalakte: Mitarbeiter verlangt das Entfernen einer Abmahnung

Der Erzieher Paul hat vor ca. drei Jahren eine Abmahnung wegen der verspäteten Einreichung eines Attestes erhalten. Seitdem ist die Abmahnung in seiner Personalakte. Da er sich bei seinem Träger demnächst für eine Leitungsstelle bewerben möchte, fragt er seine Einrichtungsleitung, ob es nicht nunmehr an der Zeit ist, die Abmahnung aus seiner Personalakte zu entfernen. Schließlich ist der Vorgang nun sehr lange her und er habe Angst, dass sich die Abmahnung bei möglichen Vorstellungsgesprächen negativ auswirken könnte.

Die Einrichtungsleitung ist sich nicht sicher, ob sie nun die Abmahnung aus der Personalakte entfernen darf. Seit Ausspruch der Abmahnung hat sich der Erzieher stets korrekt verhalten und ist immer pünktlich zur Arbeit erschienen.

Lösung

Nach wie vielen Jahren darf eine berechtigt ausgesprochene Abmahnung aus der Personalakte entfernt werden? Diese Frage stellt sich immer wieder. Insbesondere dann, wenn es zwischenzeitlich nicht zu Wiederholungsfällen gekommen ist und die Abmahnung ihre kündigungsschutzrechtliche Warnfunktion wegen des schon länger zurückliegenden Vorwurfs verloren hat. Es gibt keine gesetzliche Regelung aus der hervorgeht, dass nach einem bestimmten Zeitraum eine Abmahnung aus der Personalakte zu entfernen wäre.

Der Entfernungsanspruch einer zu Recht ausgesprochenen Abmahnung hängt davon ab, ob der Arbeitgeber ein berechtigtes Interesse an der Dokumentation der gerügten Pflichtverletzung hat. Die Personalakte hat die Funktion ein vollständiges, wahrheitsgemäßes und sorgfältiges Bild über das Arbeitsverhältnis abzugeben. Daher kann der Arbeitnehmer die Entfernung einer zurecht erteilten Abmahnung aus der Personalakte nur in den Fällen verlangen, in denen das gerügte Verhalten für das Arbeitsverhältnis in jeder Hinsicht bedeutungslos geworden ist oder eine Interessenabwägung ergibt, dass ein Verbleib in der Akte zu unzumutbaren Nachteilen für den Arbeitnehmer führen kann. Vor einiger Zeit ist man davon ausgegangen, dass Abmahnungen grundsätzlich nach einem Zeitraum von zwei bis drei Jahren aus der Personalakte zu entfernen sind. Diese Rechtsprechung hat das BAG im Jahr 2013 gekippt.

Denn auch wenn sich der Arbeitgeber nach zwei oder drei Jahren nicht mehr auf die Abmahnung stützen könnte, um im Wiederholungsfall eine verhaltensbedingte Kündigung zu rechtfertigen, kann er dennoch gute Gründe für die längere Aufbewahrung der Abmahnung haben.

In einem späteren Urteil stellte das BAG klar, dass ein Arbeitnehmer die Entfernung einer zu Recht erteilten Abmahnung aus seiner Personalakte verlangen kann, wenn sie für die Durchführung des Arbeitsverhältnisses unter keinem rechtlichen Aspekt mehr eine Rolle spielt. Das durch die Abmahnung gerügte Verhalten muss für das Arbeitsverhältnis in jeder Hinsicht rechtlich bedeutungslos geworden sein. Das wird man bei der Abmahnung in dem oben näher beschriebenen Praxisfall bejahen können. Das abgemahnte Verhalten liegt nun einige Jahre zurück und war rechtlich betrachtet nicht sehr schwerwiegend. Der Einrichtungsleitung ist daher in dem o.g. Praxisfall zu empfehlen, die zu Recht ausgesprochene Abmahnung nunmehr aus der Personalakte zu entfernen. Es sind jedoch auch besondere Fälle denkbar, in denen eine Abmahnung auch über einen längeren Zeitraum in der Personalakte verbleiben kann. Sie sollten bei der Frage nach der Entfernung immer im Einzelfall entscheiden.

Das Wichtigste in Kürze

- Ein gesetzlicher Anspruch auf Entfernung einer zu Recht ausgesprochenen Abmahnung aus einer Personalakte besteht nicht.
- Ein Arbeitnehmer kann die Entfernung einer zu Recht erteilten Abmahnung aus seiner Personalakte verlangen, wenn sie für die Durchführung des Arbeitsverhältnisses unter keinem rechtlichen Aspekt mehr eine Rolle spielt.

45 Trotz Fachkräftemangel: Mitarbeiterin will Arbeitszeit reduzieren

Die Erzieherin Monika, die in der Einrichtung »Fledermäuse« mit 40 Stunden/Woche beschäftigt ist, würde gerne ihre Arbeitszeit auf 30 Stunden/Woche reduzieren, damit sie sich mehr ihren Hobbies widmen kann. Sie stellt einen entsprechenden Antrag auf Reduzierung ihrer vertraglich vereinbarten Arbeitszeit bei der Einrichtungsleitung. Die Einrichtungsleitung ist ganz und gar nicht über den Antrag der Erzieherin begeistert. Sie fragt sich, ob sie den Antrag genehmigen muss und ob die Erzieherin einen Anspruch auf die Reduzierung ihrer Arbeitszeit hat. Die Einrichtungsleitung ist sich sicher, dass sie aufgrund des bestehenden Fachkräftemangels keine Aushilfe für die zehn Stunden bekommen wird, und von den Teilzeitkräften in der Einrichtung hat niemand Interesse seine Arbeitszeit zu erhöhen.

Lösung

Jeder Arbeitnehmer hat einen Anspruch darauf, in Teilzeit zu arbeiten. Dies gilt nicht nur für Arbeitnehmer, die zum Zeitpunkt der Antragsstellung Vollzeit beschäftigt sind, sondern auch für die, die bereits als Teilzeitbeschäftigte tätig sind.

Voraussetzungen hierfür sind, dass betriebliche Gründe nicht entgegenstehen und das Arbeitsverhältnis bereits seit sechs Monaten besteht. Der Anspruch gilt nur in Unternehmen mit mehr als 15 Mitarbeitern. Der Arbeitnehmer muss seinen Wunsch, die Wochenarbeitszeit zu verringern, spätestens drei Monate vor deren Beginn geltend machen.

Der Arbeitgeber hat der Verringerung der Arbeitszeitverkürzung grundsätzlich zuzustimmen und die Verteilung entsprechend dem Arbeitnehmerwunsch festzulegen, »soweit betriebliche Gründe nicht entgegenstehen«, vgl. § 8 Abs. 4 TzBfG. Ein solcher betrieblicher Grund wäre beispielsweise, dass es ihm organisatorisch nicht möglich ist, auf die Arbeitskraft der Mitarbeiterin oder des Mitarbeiters teilweise verzichten zu müssen. Das könnte beispielsweise dann angenommen werden, wenn es praktisch unmöglich ist, eine Ersatzkraft für die ausgefallenen Stunden zu finden. In dem oben näher beschriebenen Fall wäre zunächst zu überprüfen, ob es tatsächlich unmöglich ist, eine Aushilfskraft für die ausgefallenen Stunden zu finden. Sollte sich dies tatsächlich bestätigen und alle Bemühungen der

Einrichtungsleitung schlagen fehl, kann sie den Wunsch nach einer Teilzeitbeschäftigung der Arbeitnehmerin ablehnen.

Das Wichtigste in Kürze

* Grundsätzlich hat jeder Arbeitnehmer das Recht, seine Arbeitszeit zu reduzieren. Das gilt auch für Arbeitnehmer in leitenden Positionen, Minijobber, befristet Beschäftigte oder Mitarbeiter, die bereits in Teilzeit arbeiten.
* Dem Antrag auf Reduzierung der Arbeitszeit muss der Arbeitgeber stattgeben, sofern keine betrieblichen Gründe hiergegen sprechen.
* Es gibt für den Antrag auf Reduzierung der Arbeitszeit nur zwei Voraussetzungen: das Arbeitsverhältnis besteht länger als sechs Monate und der Arbeitgeber beschäftigt mehr als 15 Mitarbeiter.

46 Nach Reduzierung: Mitarbeiterin will Stundenzahl wieder erhöhen

In dem letzten Fall ist es der Einrichtungsleitung nun doch gelungen, eine Ersatzkraft einzustellen und dem Antrag auf Reduzierung der Arbeitszeit der Erzieherin wurde nun stattgegeben. Nach wenigen Monaten stellt die Erzieherin Monika aber fest, dass sie mit ihrem reduzierten Gehalt nicht ganz zurechtkommt, und teilt der Einrichtungsleitung mit, dass sie nunmehr wieder 40 Stunden arbeiten möchte. Die Einrichtungsleitung fragt sich nun, ob sie verpflichtet ist, die Arbeitszeit der Mitarbeiterin wieder zu erhöhen. Mit der neuen Mitarbeiterin, die zehn Stunden in der Woche arbeitet, ist sie zufrieden und möchte sich von dieser auch nicht trennen.

Lösung

Das BAG hat in einem vergleichbaren Sachverhalt entschieden, dass dem Arbeitnehmer in solchen Fällen kein Rückabwicklungsanspruch zusteht. Der Arbeitgeber ist nicht verpflichtet, ihm die alten Konditionen wieder anzubieten. Der Arbeitgeber muss bei seiner Personalplanung auf entsprechende Wünsche keine Rücksicht nehmen. Daher sollte der Wunsch nach einer Teilzeitbeschäftigung stets gut überlegt sein. In dem oben beschriebenen Fall hat die Erzieherin keinen Anspruch darauf, ihre Arbeitszeit wieder zu erhöhen.

> **Das Wichtigste in Kürze**
> • Nach einer erfolgten Reduzierung der Arbeitszeit hat der Arbeitnehmer grundsätzlich keinen Anspruch darauf seine Arbeitszeit wieder zu erhöhen.

47 Praktikum: Leitung will keinen Lohn zahlen

Die Einrichtungsleitung der Kindertagesstätte »Farbkleckse« möchte eine Praktikantin (16 Jahre) für ein Jahr in der Einrichtung beschäftigen. Die Praktikantin ist gerade mit der mittleren Reife fertig und befindet sich in einer Selbstfindungsphase. Gerne würde sie das Jahr im Kindergarten unterstützend tätig werden, um zu schauen, ob der Erzieherberuf ihr zusagt. Sie ist grundsätzlich bereit, ohne eine Vergütung das Praktikum zu absolvieren, da sie von ihren Eltern in der Zeit finanziell unterstützt wird. Die Einrichtungsleitung ist sich jedoch nicht ganz sicher, ob sie die Praktikantin tatsächlich unentgeltlich beschäftigen darf, schließlich ist ihr bekannt, dass vor einigen Jahren das Mindestlohngesetz in Kraft getreten ist.

Lösung

Grundsätzlich haben Praktikantinnen und Praktikanten Anspruch auf den Mindestlohn. Allerdings gibt es Ausnahmen. Dazu gehören die sogenannten Pflichtpraktika im Rahmen des Studiums. Auch bei freiwilligen Praktika, die der Berufsorientierung dienen oder studien- bzw. ausbildungsbegleitend absolviert werden, erhalten Studierende keinen Mindestlohn, sofern das Praktikum nicht länger als drei Monate dauert. Eine weitere Ausnahme stellt das Praktikum von Minderjährigen dar. Der Mindestlohn gilt nicht für Praktikantinnen und Praktikanten unter 18 Jahren ohne abgeschlossene Berufsausbildung. Denn vor dem Gesetz gelten Minderjährige ohne Berufsabschluss noch nicht als Arbeitnehmer. Da die Praktikantin in dem oben näher beschriebenen Praxisbeispiel erst 16 Jahre alt ist, hat sie keinen Anspruch auf eine Vergütung ihres Praktikums.[28] Der Einrichtungsleitung steht es natürlich frei, ihr dennoch einen kleinen Betrag zu zahlen.

Das Wichtigste in Kürze

- Die Beschäftigung eines Minderjährigen ohne eine abgeschlossene Berufsausbildung als Praktikant unterliegt nicht dem Mindestlohngesetz.

---

28. In den Übersichten des Buches finden Sie eine Darstellung der unterschiedlichen Praktika und die dazugehörigen Regelungen des Mindestlohngesetzes.

48 Kündigung: Mitarbeiter greift in seiner Freizeit zu Drogen

Der Erzieher Tim aus der Einrichtung »Regenbogen« ist bekannt dafür, dass er an den Wochenenden sehr viel feiert. Oft erscheint er unausgeschlafen montags zum Dienst. Seit wenigen Wochen geht aus Gerücht um, dass er während seiner Partys zu Drogen greifen soll. Er selbst hat es offen gegenüber seinen Kollegen auch mehrfach in der Vergangenheit geäußert. Er vertritt die Auffassung, dass der Drogenkonsum, der ausschließlich in seiner Freizeit erfolge, keinerlei arbeitsrechtliche Konsequenzen hätte; schließlich kommt er seinen Arbeitsverpflichtungen stets nach und nimmt auch keine Drogen während der Arbeitszeit. Als die Einrichtungsleitung hiervon Kenntnis erlangt, ist sie erschüttert und fragt sich, ob sie eine Kündigung des Arbeitsverhältnisses aussprechen könne.

Lösung

Nimmt ein Arbeitnehmer außerhalb seiner Arbeitszeit Drogen zu sich, ist dieses Verhalten grundsätzlich nicht geeignet, eine verhaltensbedingte Kündigung zu rechtfertigen. Dies gilt jedenfalls dann, wenn der Drogenkonsum keine negativen Auswirkungen auf das Arbeitsverhältnis hat.

In dem oben beschriebenen Fall gibt es jedoch sehr gute Gründe dafür, dass eine verhaltensbedingte Kündigung gerechtfertigt wäre. Als Erzieher beaufsichtigt Tim kleine Kinder und hat höhere Sorgfaltspflichten als beispielsweise eine Bürohilfe. Durch die Einnahme von illegalen Rauschmitteln besteht die Gefahr, dass seine Fähigkeiten zur Betreuung der Kinder stark eingeschränkt sind, auch Tage nach Einnahme der Substanzen.

Es gibt für das oben näher beschriebene Praxisbeispiel keinerlei Rechtsprechung. Das BAG hielt jedoch eine verhaltensbedingte Kündigung eines Berufskraftfahrers für gerechtfertigt, der ebenfalls während seiner Freizeit Drogen zu sich genommen hat. Hier begründete das BAG seine Entscheidung damit, dass auch dieser Beruf eine erhöhte Sorgfaltspflicht mit sich führe und diese auch durch den außerdienstlichen Drogenkonsum gefährdet sein kann.[29]

---

29. BAG, Urteil vom 20. Oktober 2016 – 6 AZR 471/15.

Das Wichtigste in Kürze

- Grundsätzlich ist bei einer Einnahme von Drogen außerhalb der Arbeitszeiten eine verhaltensbedingte Kündigung nicht per se gerechtfertigt. Es kommt hier auf den konkreten Einzelfall an.
- Bei dem Einsatz eines Mitarbeiters im pädagogischen Bereich kann man durchaus die rechtliche Auffassung vertreten, dass eine verhaltensbedingte Kündigung gerechtfertigt wäre. Zu diesen Fällen existiert noch keine Rechtsprechung.

49 Kleine Geburtstagsfeier: Mitarbeiter trinken Sekt während der Arbeitszeit

In der Einrichtung der »Kleinen Strolche« hat die Erzieherin Maike mit ihren Kollegen und Kolleginnen auf ihren Geburtstag mit einigen Gläschen Sekt angestoßen. Der Umtrunk fand gegen 16:00 Uhr statt, da zu einem späteren Zeitpunkt nicht mehr alle Kollegen im Haus gewesen wären. Während des Umtrunks wurde die Aufsichtspflicht der zu betreuenden Kindern durch die Aushilfen gewährleistet. Einige Eltern haben dies während der Abholphase ihrer Kinder mitbekommen und waren nicht sonderlich darüber begeistert, dass das Personal in der Einrichtung alkoholische Getränke zu sich nimmt. Als die Leitung von diesem Umtrunk Kenntnis erlangt, ist sie auch nicht sonderlich begeistert und fragt sich, ob sie für die Zukunft ein generelles Alkoholverbot erteilen könne. Bislang war das Thema Alkohol am Arbeitsplatz nie relevant, etwaige Regelungen bestehen hierzu nicht.

Lösung

Grundsätzlich existiert im Arbeitsrecht kein absolutes Alkoholverbot. Insbesondere in den arbeitsrechtlichen Bestimmungen des Bürgerlichen Gesetzesbuches, den §§ 611 ff. BGB, ist hierzu nichts geregelt. Bei bestimmten Berufsgruppen könnte man per se von einem Alkoholverbot am Arbeitsplatz ausgehen, da andernfalls Gefahren für Dritte ausgehen können (beispielsweise Kraftfahrer). In dem oben näher beschriebenen Fall war jedoch die Aufsichtspflicht zu keinem Zeitpunkt gefährdet, da eine Betreuung durch die Aushilfen gewährleistet wurde. Vielmehr störten sich die Eltern an dem grundsätzlichen Alkoholkonsum des Personals in der Einrichtung.

Die Einrichtungsleitung hat grundsätzlich im Rahmen ihres Weisungsrechts die Möglichkeit, ein allgemeines Alkoholverbot anzuordnen, einer Begründung hierfür bedarf es nicht. Selbstverständlich ist es auch möglich, bereits im Rahmen des Arbeitsvertrages ein vertragliches Alkoholverbot festzulegen.

Sollte es nach dem Inkrafttreten des Alkoholverbotes in der Einrichtung dennoch zum Alkoholkonsum durch die Erzieherinnen kommen, könnte die Leitung mit einer Abmahnung hierauf reagieren.[30]

---

30. Ein Muster einer Abmahnung wegen der Nichtbeachtung des Alkoholverbotes finden Sie in den Mustervorlagen des Buches.

Das Wichtigste in Kürze

• Grundsätzlich existiert im Arbeitsrecht per se kein absolutes Alkoholverbot. Man ist natürlich auch bei dem Fehlen eines ausdrücklichen Alkoholverbotes verpflichtet, während des Dienstes arbeitsfähig zu sein.

• Vereinbaren Sie am besten ein absolutes Alkoholverbot im Rahmen einer Handlungsanweisung oder im Rahmen der arbeitsvertraglichen Regelungen.

Teil III
Konflikte aus dem Kitaalltag mit Dritten

50 Anspruch auf Kitaplatz: Eltern aus Nachbargemeinde soll Betreuungsvertrag gekündigt werden

Die stellvertretende Leitung der Einrichtung, die neu in der Gemeinde ist und die jeweiligen Grenzen der Gemeinde noch nicht so gut kennt, schließt eines Tages mit einer Familie einen Betreuungsvertrag für ein Kind ab. Nach Abschluss des Vertrages stellt sich heraus, dass die Eltern aus der Nachbargemeinde kommen und ihr Kind in dem Kindergarten nur deswegen angemeldet haben, weil es in der Nachbargemeinde keine Betreuungsplätze gibt. Die zuständige Aufsichtsbehörde ist empört, als sie von dem Vorgang erfährt, schließlich gibt es ohnehin schon Probleme mit der Sicherstellung der Betreuung der Kinder in der Gemeinde. Daher verlangt die Behörde die sofortige Auflösung des abgeschlossenen Vertrages.

Als die Eltern hiervon erfahren, sind sie sehr verwundert, schließlich sind sie ein Vertragsverhältnis eingegangen und haben nun einen Anspruch auf Betreuung. Auch enthielt der abgeschlossene Betreuungsvertrag keinerlei Bedingung dazu, dass ein Wohnsitz in der Gemeinde Bedingung für die Aufnahme ihres Kindes ist.

Lösung

Aus § 5 SGB VIII ergibt sich das Recht der Sorgeberechtigten zwischen Einrichtungen und Diensten verschiedener Träger zu wählen und Wünsche hinsichtlich der Gestaltung der Hilfe zu äußern. Denn das gesetzlich verankerte Wunsch- und Wahlrecht der Eltern auf einen Kitaplatz ist nicht räumlich auf den für das Kind örtlich zuständigen Jugendhilfeträger begrenzt.

Bereits 2002 hat das Bundesverwaltungsgericht entschieden, dass es für die Jugendhilfe – wie hier die Kitabetreuung – kein Territorialprinzip gebe. Nichtsdestotrotz kommt es aufgrund der fehlenden Betreuungsmöglichkeiten bundesweit immer zu Fällen, in denen »fremde« Kinder durch die jeweiligen Träger nicht aufgenommen werden, da sie ihren Wohnort in einer anderen Gemeinde haben.

Den Trägern der Einrichtungen wird nicht selten von den Kommunen rechtswidrig mit einer Kürzung der Finanzierung oder mit der Kündigung eines Trägerschaftsvertrages gedroht, sofern wohnortfremde Kinder aufgenommen werden. In dem oben genannten Beispielfall haben die El-tern aufgrund des abgeschlossenen Betreuungsvertrages gegen den Träger einen Anspruch auf Erfüllung des bestehenden Vertrages. Die Tatsache, dass die zuständige Aufsichtsbehörde die sofortige Auflösung des Vertrages verlangt, ist für die Eltern ohne Bedeutung. Der Träger als Vertragspartner hat sich an die Erfüllung der vertraglichen Pflichten zu halten. Kommt er diesen Verpflichtungen nicht nach, besteht die Möglichkeit der Geltend-machung von Schadensersatzansprüchen.

Das Wichtigste in Kürze

- Das gesetzlich verankerte Wunsch- und Wahlrecht der Eltern unter-liegt keinem Territorialprinzip.

51 Kinderlärm: Genervter Nachbar droht mit Anwalt

Die Einrichtung »Schatzinsel« befindet sich mitten im Wohngebiet. Sie verfügt über eine sehr große Außenfläche, die von den Kindern gerne genutzt wird. Bedauerlicherweise sind nicht alle Nachbarn über diese Nutzung erfreut, da es doch manchmal sehr laut ist. Ein Nachbar beschwert sich mittlerweile wöchentlich bei der Leitung über den Kinderlärm und nunmehr droht er gegenüber der Leitung mit der Einschaltung eines Rechtsanwaltes, sofern der Lärm sich in Zukunft nicht reduziert.

Die Leitung ist nunmehr sehr verunsichert und hat keine Idee, wie sie mit der Situation umgehen soll. Sie fragt sich nunmehr, ob die Forderung des Nachbarn berechtigt ist und sie die Nutzung des Außengeländes gegenüber den Kindern untersagen muss.

Lösung

§ 22 Abs. 1a Bundesimmissionsschutzgesetzes (BImSchG) regelt Folgendes: »Geräuscheinwirkungen, die von Kindertageseinrichtungen, Kinderspielplätzen und ähnlichen Einrichtungen wie beispielsweise Ballspielplätzen durch Kinder hervorgerufen werden, sind im Regelfall keine schädliche Umwelteinwirkung. Bei der Beurteilung der Geräuscheinwirkungen dürfen Immissionsgrenz- und -richtwerte nicht herangezogen werden«.

Die Außenspielfläche eines Kindergartens wurde eigens dafür geschaffen, dass sich Kinder ungestört austoben können. Tun sie dies, so können dabei entstehende Geräusche nicht als Lärmbelästigung angesehen werden und müssen somit von den Nachbarn hingenommen werden.

Mithin ist der Lärm spielender Kinder nicht als Lärmbelästigung, sondern als eine sozial adäquate Geräuschkulisse hinzunehmen. Der Nachbar hat in dem oben beschriebenen Sachverhalt keinerlei Möglichkeiten gegen die spielenden Kinder auf dem Außengelände der Kita vorzugehen. Die Einschaltung eines Anwaltes würde ihm auch nicht weiterhelfen. Der Leitung ist nur zu raten, dass sie gegenüber dem Nachbarn erläutert, dass Kinderlärm in allgemeinen Wohngebieten sozialadäquat ist und von den anderen Nachbarn hingenommen werden muss. Sollte es doch zur Einschaltung eines Anwaltes kommen, ist aus rechtlicher Sicht mit keinerlei Konsequenzen zu rechnen.

Das Wichtigste in Kürze

- Nach § 22 Abs. 1a BImSchG muss von Kindern ausgehender Lärm, sei es von einer Kita oder einem Spielplatz ausgehend, von den Nachbarn geduldet werden. Dem Nachbar stehen keinerlei Ansprüche zu.

52 Bestellung im Internet: Ware wird nicht geliefert

Die Leitung der Einrichtung »Kunterbunt« hat für das Haus in einem Internetshop mehrere iPads bestellt und per Überweisung die Rechnung vorab bezahlt. Seit der Bestellung sind nun mehrere Wochen vergangen und die iPads wurden bislang nicht geliefert. Telefonische und schriftliche Anfragen an den Kundenservice des Internetshops blieben ebenfalls unbeantwortet. Die Leitung der Einrichtung fragt sich nun, was sie machen kann.

Lösung

Leider kommt es in der Vergangenheit sehr häufig dazu, dass im Internet gekaufte Waren nicht geliefert werden. Im Nachhinein sind die Möglichkeiten an sein Geld zukommen im Falle der Überweisung des Kaufpreises per Überweisung im Voraus sehr gering. Das Kreditinstitut kann bei Zahlung per Vorkasse die Überweisung in der Regel nicht mehr zurückholen. Daher ist bei Käufen im Internet von dieser Zahlungsweise abzuraten. Natürlich besteht die Möglichkeit, einer zivilrechtlichen Klage, jedoch fehlt für die Einreichung der Klageschrift oftmals die richtige Adresse, um gegen den vermeintlichen Anbieter vorzugehen. Oft bleiben die Bessteller in diesen Fällen auf den Kosten sitzen. Natürlich ist es möglich und auch ratsam, in derartigen Fällen die Polizei zu informieren und eine Strafanzeige zu stellen.

Für die Zukunft ist der Leitung in dem oben genannten Fall zu raten, eine andere Bezahlform auszuwählen. Die sicherste Art der Bezahlung ist der Kauf auf Rechnung. Hier erhält der Käufer seine Ware, kann diese in Ruhe überprüfen und dann bezahlen. Wird kein Kauf auf Rechnung angeboten, ist die Bezahlung per Lastschrift die zweitbeste Option. Der Vorteil daran ist, dass man bei allen Banken der Abbuchung innerhalb von acht Wochen und ohne Angabe von Gründen widersprechen kann. Auch die Bezahlmethode per Kreditkarte ist relativ sicher. Hier besteht die Möglichkeit, unrechtmäßig eingezogene Beträge durch seine Bank zurückbuchen zu lassen. Bei diesen Zahlungsarten ist darauf zu achten, dass dies stets SSL-verschlüsselt geschehen sollte. Die Verschlüsselung erkennt man an »https« vor der Internetadresse und einem Schloss- oder Schlüsselsymbol an der Browser-Statusleiste.

Auch Zahlungen per PayPal, sofern es von dem jeweiligen Onlineshop angeboten wird, sind sicherer als Zahlungen per Überweisung und Vorkasse. Vor einem Kauf in einem Onlineshop empfiehlt es sich zudem, das Impressum auf Vollständigkeit zu überprüfen und zu schauen, ob der Onlineshop über ein Gütesiegel verfügt.

Im oben beschriebenen Fall sollte die Leitung überlegen, ob neben der Strafanzeige eine zivilrechtliche Klage in Betracht kommt. Hierfür ist es jedoch erforderlich, dass ihr die ladungsfähige Anschrift des Betreibers des Shops bekannt ist.

Weiterhin ist in diesem Zusammenhang darauf hinzuweisen, dass im Falle der Einreichung einer Klage auch Gerichtskosten fällig werden. Es besteht natürlich immer die Gefahr, dass man trotz eines Obsiegens auf den Kosten des Rechtsstreits sitzen bleibt, wenn der Betreiber des Onlineshops unauffindbar ist.

Das Wichtigste in Kürze

- Die sicherste Bezahlform ist die Zahlung auf Rechnung. Sollte es diese Möglichkeit nicht geben, wählen Sie als Alternative die Zahlung per Lastschrift oder Kreditkarte.
- Die Möglichkeit der Überweisung per Vorkasse sollte am besten nicht gewählt werden, es sei denn, der Händler ist bekannt und die Zusammenarbeit besteht schon lange.
- Überprüfen Sie vor jeder Bestellung das Impressum auf Vollständigkeit.
- Im Falle der Nichtlieferung ist der Verkäufer schriftlich unter Fristsetzung aufzufordern, die gekaufte Ware zu liefern. Lässt er diese Frist fruchtlos verstreichen, besteht die Möglichkeit der zivilrechtlichen Klage sowie einer Strafanzeige.

53 Schimmelbefall: Vermieter reagiert nicht

In der Einrichtung »Regenbogen« kam es nach einem Wasserschaden auf dem Dach zu einem erheblichen Schimmelschaden in einem der Gruppenräume. Dieser Gruppenraum wird seit der Feststellung des Schimmels nicht mehr genutzt. Besorgte Eltern haben schon die Einrichtungsleitung auf dieses Problem angesprochen. Der Vermieter des Objektes hat bislang auf die Nachrichten der Einrichtungsleitung nicht reagiert.

Die Zahlung der monatlichen Miete steht in den nächsten Tagen bevor und die Leitung würde am liebsten gar keine Miete zahlen, um so den Vermieter unter Druck zu setzen. Sie ist sich nur nicht sicher, ob diese Vorgehensweise rechtlich zulässig ist.

Lösung

Ist eine Einrichtung derart von Schimmel befallen, dass dadurch ihre Tauglichkeit zum vertragsgemäßen Gebrauch ganz oder zum Teil aufgehoben wird, liegt ein Mangel vor und der Mieter ist berechtigt seine Miete zu mindern (§ 536 BGB). In dem oben dargestellten Fall ist lediglich ein Raum durch den Schimmelbefall nicht nutzbar. Das Zurückbehalten der gesamten Miete wäre daher rechtlich nicht zulässig. Es wäre daher zunächst zu klären, welchen prozentualen Anteil der vom Schimmel befallene Raum an der gesamten Mietfläche ausmacht. Entsprechend wäre dann die Miete zu mindern. Die Minderung der Miete setzt voraus, dass die folgenden Voraussetzungen erfüllt sind:

- Ein Mangel der Mietsache muss vorliegen. Als Mangel kommt jeder Umstand in Betracht, der die vertraglich vorausgesetzte Gebrauchstauglichkeit der Räume beeinträchtigt. Das ist in dem o. g. Beispiel problemlos zu bejahen. Durch den Schimmelbefall ist ein Gruppenraum der Einrichtung vollständig nicht nutzbar.
- Der Mangel muss die Tauglichkeit der Gewerberäume zum vertragsgemäßen Gebrauch in erheblicher und nicht zumutbarer Weise beeinträchtigen. Auch das ist beim Schimmelbefall anzunehmen.
- Der Mangel darf dem Mieter beim Vertragsschluss nicht bekannt gewesen sein. Auch diese Voraussetzung ist erfüllt, da der Mangel erst später aufgetreten ist.

- Weiterhin darf der Mangel durch den Mieter nicht selbst verschuldet worden sein. Dieses Problem stellt sich oft bei Schimmelschäden. In dem oben beschriebenen Sachverhalt war jedoch ein Wasserschaden, der nicht vom Mieter verursacht wurde, der Grund für den eingetretenen Mangel.
- Zudem ist es erforderlich, dass der Mieter den Mangel anzeigt. Der Mieter ist verpflichtet, dies unverzüglich zu tun, damit der Vermieter die Möglichkeit erhält, schnell Abhilfe zu schaffen. Es ist sinnvoll, dass der Mangel schriftlich angezeigt wird und nicht nur telefonisch.[31]

In dem oben näher beschriebenen Fall ist der Einrichtungsleitung zu raten, dem Vermieter so schnell wie möglich eine schriftliche Minderungsanzeige zu schicken, dies sollte am besten per Einwurf-Einschreiben passieren.

Die vollständige Miete sollte keinesfalls zurückgehalten werden, da nur ein Gruppenraum betroffen ist und nicht der Rest des Mietobjektes. Zudem sollte die Leitung zusätzlich das zuständige Gesundheitsamt über den Schimmelbefall zu informieren.

Das Wichtigste in Kürze

- Ein Minderungsrecht steht dem Mieter dann zu, wenn ein nicht wesentlicher Mangel in dem Mietobjekt auftritt und dieser nicht von ihm zu vertreten ist.
- In welcher Höhe die Miete gemindert werden darf, ist eine Entscheidung des Einzelfalls.

---

31. Ein Muster einer Minderungsanzeige wegen Schimmelbefalls finden Sie in den Mustervorlagen des Buches.

54 Yoga in der Kita: Kitaräume sollen am Abend untervermietet werden

In die Einrichtung der »Kleinen Strolche« kommt eines Tages eine Yogalehrerin, die auf der Suche nach geeigneten Räumlichkeiten für ihre Kurse in den Abendstunden ist. Die Räume der Einrichtung stünden rein theoretisch für derartige Aktivitäten am Abend zur Verfügung. Die Yogalehrerin wäre auch bereit, für die Anmietung der Räumlichkeiten eine gute Miete zu zahlen. Die Einrichtungsleitung ist begeistert von der Idee, die Räumlichkeiten in den Abendstunden an die Yogalehrerin zu vermieten. Sie fragt sich, ob sie ihren eigenen Vermieter hiervon unterrichten muss und ob sie irgendwelche Besonderheiten bei der Vermietung der Räumlichkeiten zu beachten hat.

Lösung

Um einen möglichen späteren Konflikt mit dem Vermieter zu entgehen, müsste die Einrichtungsleitung klären, ob es zu einer möglichen Untervermietung Regelungen in dem Mietvertrag für die Einrichtung gibt. In der Regel sehen zahlreiche Mietverträge vor, dass vor einer Untervermietung die Erlaubnis des Vermieters eingeholt werden muss. Selbst wenn dieser Punkt nicht explizit geregelt ist, ist in Mietverträgen von Kindertageseinrichtungen oft geregelt, dass die Vermietung zum Zweck des Betriebes einer Kindertagesstätte erfolgt. Die Untervermietung für die Durchführung des Yogaunterrichtes wäre in einem solchen Fall vom Mietzweck nicht umfasst. In allen Fällen, in denen die Untervermietung an Dritte im Mietvertrag nicht ausdrücklich erlaubt ist, wäre die Erlaubnis zur Untervermietung beim Vermieter im Vorfeld einzuholen. Sofern der Vermieter zu dem Vorhaben sein ausdrückliches Einverständnis erteilt, sollte ein Untermietvertrag zwingend abgeschlossen werden.[32]

Mit der Untervermietung von Räumlichkeiten sind natürlich erhöhte Risiken (Beschädigung der Einrichtungsgegenstände etc.) verbunden. Daher ist im Vorfeld der Untervermietung immer genau zu überlegen, ob sich dieser erhöhte Aufwand tatsächlich lohnt.

---

32. Ein Muster eines Untermietvertrages finden Sie in den Mustervorlagen des Buches.

Das Wichtigste in Kürze

- Mietet die Einrichtung selbst Räumlichkeiten an, so ist im Vorfeld einer Untervermietung zu klären, ob der Eigentümer mit einer solchen einverstanden ist.
- Stehen die Räumlichkeiten im Eigentum des Trägers, wird in der Regel eine Untervermietung problemlos möglich sein.
- Im Falle der Untervermietung sollte zwingend ein Untermietvertrag abgeschlossen werden.
- Im Falle einer Untervermietung sollte darauf geachtet werden, dass der Untermieter eine entsprechende Haftpflichtversicherung abschließt.

55 Gewerbeverzeichnis: Leitung bekommt Zahlungsaufforderungen und Mahnungen

Die Einrichtungsleitung der Kita »Zwergenburg« war für zwei Wochen im Urlaub und wurde in dieser Zeit von ihrer Stellvertretung vertreten. Nach ihrer Rückkehr findet sie in Ihrem Büro eine Zahlungsaufforderung und mehrere Mahnungen des »Gewerbeverzeichnisses Regional«. Die Stellvertretung erzählt ihr, dass sie in der Abwesenheit ein Schreiben des sogenannten »Gewerbeverzeichnisses« erreichte, in welchem sie dazu aufgefordert wurde, die Daten des Trägers auf Richtigkeit und Vollständigkeit zu überprüfen. Dies hat sie gemacht und im Anschluss hat sie das Schreiben an das »Gewerbeverzeichnis« zurückgeschickt. Im Anschluss hierauf folgten dann Zahlungsaufforderungen und Mahnungen.

Beide sind verzweifelt, da ihnen nun bewusst geworden ist, dass es sich bei der ganzen Angelegenheit um eine sogenannte Branchenbuchabzocke handelt. Sie fragen sich, ob sie die Rechnung in Höhe von 2.000 € tatsächlich bezahlen müssen.

Lösung

Fälle von sogenannten Branchenbuchabzocken kommen in den vergangenen Jahren relativ häufig vor. Dubiose Geschäftemacher versuchen in diesen Fällen, die Unternehmen trickreich zum Abschluss eines Vertrages über einen Eintrag in ein Branchenverzeichnis zu locken. Oft erhalten die Unternehmen Angebote, die wie Rechnungen aussehen, und lösen den Vertrag durch die Zahlung aus. Oder die dubiosen Firmen nutzen die Korrektur-Masche.

Dabei erhalten die Unternehmen ein Schreiben, welches den Eindruck erweckt, von einer Behörde zu stammen. In diesen Schreiben werden die Unternehmen gebeten, wie auch in dem o.g. Fall, ihre Unternehmensdaten auf Vollständigkeit und Richtigkeit zu überprüfen und ggfls. Änderungen vorzunehmen.

Das Angebot für den teuren Eintrag in einem geringwertigen Branchenbuch kommt unaufgefordert per Fax oder per Brief. In der Hektik des Kitaalltages kommt es nicht selten dazu, dass die Daten in dem Schreiben überprüft, korrigiert und zurückschickt werden, da man in der Annahme ist, dass man hierzu verpflichtet sei. Im Kleingedruckten des Schreibens ist zu lesen, dass es sich um ein Angebot handelt, welches mit der Zahlung einer Gebühr verbunden ist. Dieser Abschnitt ist in der Regel so klein gedruckt, dass er übersehen wird. Kurz nach Versenden des Briefes oder des Faxes kommt dann die Zahlungsaufforderung.

Es ist daher zu empfehlen, sich Schreiben von »Gewerbeverzeichnissen« ganz genau durchzulesen, in der Regel handelt es sich hierbei nie um behördliche Schreiben. Es besteht keinerlei Verpflichtung, auf derartige Schreiben zu antworten. Zahlungsaufforderungen und Mahnungen von derartigen Anbietern sollten nicht bezahlt werden, wenn eine Korrektur oder Antwort in der Annahme erfolgt ist, dass es sich hierbei um ein behördliches Schreiben handelt und man eigentlich keinen Vertragsschluss eingehen wollte.

Im Falle des Erhalts einer solchen Zahlungsaufforderung oder Rechnung sollte rechtlicher Beistand eingeholt werden, da oft die Möglichkeit besteht, den zustande gekommenen Vertrag anzufechten.

In dem oben näher beschriebenen Fall ist der Einrichtungsleitung zu raten, den Zahlungsaufforderungen nicht nachzukommen, da davon auszugehen ist, dass die Möglichkeit der Anfechtung des Vertrages besteht. Es ist durchaus ratsam, sich in diesem konkreten Fall anwaltlichen Rat einzuholen. Eine allgemeine Vorgehensweise in derartigen Fällen ist schwer zu beschreiben, da es immer auf die jeweiligen Formulierungen des Angebotes ankommt. In jedem Fall sind derartige Fälle nicht aussichtslos und man sollte sich von den zahlreichen Mahnungen mit Androhung von weiteren rechtlichen Schritten der Anbieter nicht abschrecken lassen. Sofern man jedoch bereits der Zahlungsaufforderung nachgekommen ist, wird es kaum möglich sein, den gezahlten Betrag wieder zurückzuerlangen. Weiterhin kann in derartigen Fällen überlegt werden, eine Strafanzeige wegen Betruges bei der Polizei zu stellen.

Das Wichtigste in Kürze

- Bei Faxschreiben, Anrufen und Briefen von sogenannten »Gewerbeverzeichnissen« ist äußerste Vorsicht geboten. In der Regel handelt es sich hierbei um Fälle der sogenannten Branchenbuchabzocke.
- Ist man auf ein solches Angebot hereingefallen, empfiehlt es sich, anwaltlichen Rat einzuholen. Je nach konkreten Sachverhalt gibt es unterschiedliche rechtliche Möglichkeiten, um der Zahlungsverpflichtung zu entgehen.

56 Neue Homepage der Kita: Beschwerden wegen Urheberrechtsverletzungen

Die Einrichtung »Paulinchen« will zukünftig im Internet auf sich aufmerksam machen und das Konzept der Einrichtung, eine Anfahrtsskizze, sowie Bilder aus dem Kitaalltag von Mitarbeiterinnen und Kindern hochladen. Um Geld zu sparen, entscheidet sich die Einrichtungsleitung dazu, mit einem speziellen Programm den Aufbau der Homepage selbst in die Hand zu nehmen. Um die Seite attraktiver zu machen, lädt sich die Einrichtungsleitung im Internet einige Bildmotive runter und stellt diese auf die Homepage. Zudem stellt sie Gruppenfotos von dem letzten Ausflug online. In der ganzen Aufregung wird vergessen, die Homepage mit einem Impressum zu versehen.

Wenige Wochen nach der Freischaltung der Homepage kommen diverse Beschwerden. Der Urheber der Bildmotive aus dem Internet hat seine Bilder auf der Homepage des Kindergartens entdeckt und ist hierüber wenig amüsiert. Er verlangt von der Einrichtung die Zahlung eines Betrages in Höhe von 500 € pro genutztes Bild. Auch die Eltern der abgebildeten Kinder sind wenig begeistert von den Gruppenfotos im Internet und verlangen, dass diese von der Website entfernt werden. Darüber hinaus flattert noch eine Abmahnung eines Anwaltes in die Einrichtung, in der in Vollmacht und im Auftrag eines anderen Kitaträgers das fehlende Impressum der Homepage moniert wird. Die Einrichtungsleitung ist verzweifelt und fragt sich, wie sie mit den Beschwerden umgehen soll.

Lösung

Die Gestaltung einer Kindergarten-Homepage ist nicht einfach, insbesondere dann nicht, wenn man diese besonders attraktiv mit Bildern gestalten möchte. Hier ist zwingend darauf zu achten, dass keinerlei Urheberrechte Dritter verletzt werden. Mit der Nutzung der fremden Bilder hat die Einrichtungsleitung gegen die Rechte des Urhebers verstoßen, indem sie ohne seine Einwilligung Bilder benutzt hat, die sie im Internet gefunden hat.

Bei einer Veröffentlichung von Bildern, egal ob im Internet oder in Zeitschriften, ist stets im Vorfeld zu hinterfragen, wer Urheber des Bildmaterials ist. Eine Veröffentlichung von Bildern/Fotos ohne das Einverständnis des Urhebers kann zu Schadens- und Unterlassungsansprüchen gegen den Nutzer führen. Die Veröffentlichung der Bildmotive auf der Internetseite der Kita »Paulinchen« erfolgte ohne die Kenntnis und Einwilligung des Urhebers. Sein Anspruch auf Zahlung eines Schadensersatzes ist dem Grunde nach auch berechtigt; die Höhe von 500 € pro Bild erscheint auch nicht unverhältnismäßig. Rechtlich gibt es hier keinerlei Möglichkeiten, um der Zahlungsverpflichtung zu entkommen.

Die Leitung könnte sich aber an den Urheber wenden, sich für die Nutzung des Bildmaterials ausdrücklich entschuldigen und den Urheber fragen, ob er hinsichtlich der Höhe des geltend gemachten Schadensersatzanspruches nicht in irgendeiner Form entgegenkommen könnte.

Hinsichtlich der Nutzung der Gruppenfotos wäre zunächst zu klären, ob für die betroffenen Kinder eine Einwilligung für die Veröffentlichung von Fotos im Internet erteilt wurde. Sollte dies nicht der Fall sein, ist die Einrichtungsleitung verpflichtet, sofort den Wünschen der Eltern nachzukommen und die Fotos unverzüglich zu entfernen. Sollte eine Einwilligungserklärung der Eltern für die Veröffentlichung von Fotos im Internet vorliegen, ist gemeinsam mit den Eltern zu klären, ob die Beschwerde als Widerruf für die Zukunft zu werten ist.

Hinsichtlich des fehlenden Impressums ist Folgendes auszuführen:

Jede Person, die eine geschäftliche Website betreibt, ist verpflichtet, ein Impressum zu erstellen. Ein Impressum gibt Auskunft über die für den Inhalt der Homepage verantwortliche Person, eine ladungsfähige Anschrift und über sonstige gesetzlich normierte Angaben.

Nach der Vorschrift des § 5 TMG müssen insbesondere die folgenden Angaben zwingend enthalten sein:

• Vollständiger Name des Betreibers der Website
• Vollständige ladungsfähige Anschrift (Straße, Hausnummer, Postleitzahl, Ort)
• Angabe der Rechtsform und der vertretungsberechtigten Person
• Angaben, die eine schnelle elektronische Kontaktaufnahme und Kommunikation gewährleisten – hierunter fallen die Angabe einer Telefonnummer und in jedem Fall die Angabe einer E-Mail-Adresse
• Soweit die ausgeführte Tätigkeit einer behördlichen Zulassung bedarf: Angabe des Handelsregisters bzw. Vereinsregisters mit Angabe der entsprechenden Registernummer

• Sofern vorhanden: Angabe einer Umsatzsteueridentifikationsnummer oder einer Wirtschafts-Identifikationsnummer (die Steuernummer muss hingegen nicht in das Impressum)

Der Leitung ist dringend zu raten, ein Impressum auf der Website der Einrichtung zu veröffentlichen, um weitere Probleme dieser Art zu verhindern.

Das Wichtigste in Kürze

• Bei der Erstellung einer Homepage ist stets darauf zu achten, dass keinerlei Materialien benutzt werden, an denen man kein Urheberrecht oder kein Nutzungsrecht besitzt.

• Klären Sie bei dem Hochladen von Fotos im Vorfeld zwingend, ob die abgebildeten Personen bzw. die gesetzlichen Vertreter ihre Einwilligung zur Veröffentlichung im Internet erteilt haben.

• Eine Kindergartenhomepage muss zwingend über ein rechtssicheres Impressum verfügen.

57 Ärger mit der Reinigungsfirma: Leitung will Dienstleister kündigen

Seit wenigen Monaten putzt in der Einrichtung »Traumland« eine neue Reinigungsfirma. Die Putzleistung lässt leider zu wünschen übrig. Am Morgen müssen die Erzieher oft selbst noch die Einrichtung putzen, damit in dieser überhaupt eine Betreuung von Kindern erfolgen kann. Trotz mehrfacher Gespräche mit dem Chef der Reinigungsfirma tritt keine Besserung ein. Am liebsten würde die Einrichtungsleitung den Vertrag kündigen. Der Chef der Reinigungsfirma hat ihr jedoch in den Gesprächen bereits mitgeteilt, dass eine Kündigung nicht möglich ist, weil der abgeschlossene Vertrag eine Festlaufzeit von zwei Jahren enthält. Die Leitung fragt sich nun, ob sie tatsächlich keinerlei Möglichkeit hat, um das bestehende Vertragsverhältnis zu beenden.

Lösung

Die außerordentliche Kündigung ohne Einhaltung der Kündigungsfristen kann bei Reinigungsverträgen, die eine Festlaufzeit beinhalten, nur aus wichtigen Grund erfolgen (§ 626 BGB). Bei einem Reinigungsvertrag in einer Kindertageseinrichtung liegt die Hauptleistungspflicht darin, die Räumlichkeiten so zu reinigen, dass diese ohne zusätzlichen Aufwand von dem pädagogischen Personal der Einrichtung entsprechend genutzt werden können. Kommt der Auftragnehmer dieser Verpflichtung nicht nach, besteht auch trotz Vereinbarung einer Festlaufzeit, die Möglichkeit einer vorzeitigen Kündigung des Vertrages.

Wichtig bei dem Ausspruch der Kündigung ist jedoch, dass der Grundsatz der Verhältnismäßigkeit gewahrt wird. Daher kommt eine außerordentliche Kündigung erst dann in Betracht, wenn mildere Mittel wie eine Abmahnung nicht in Betracht kommen. Zudem muss das Festhalten am Vertrag unzumutbar für den Auftraggeber sein. Aus dem oben beschriebenen Sachverhalt ergibt sich, dass das pädagogische Personal in der Einrichtung aufgrund der mangelhaften Putzleistung der Reinigungsfirma selbst die Räumlichkeiten putzen muss. Das ist selbstverständlich kein hinnehmbarer Umstand, zumal das Reinigen von Räumlichkeiten ganz sicher nicht zu den Aufgaben des pädagogischen Personals gehört. Um zu beurteilen, ob in dem oben beschriebenen Sachverhalt eine fristlose Kündigung gerechtfertigt ist, wäre zunächst zu klären, worin die Verletzung der Vertragserfüllung konkret liegt. Weiterhin wäre es notwendig, dass jede Vertragsverletzung des Auftragnehmers auch schriftlich dokumentiert wird. Hierfür sollte die Leitung ein Protokoll und alle Unregelmäßigkeiten der Vertragsausführung unter Angabe des Datums und der Räumlichkeiten in dem Protokoll benennen. Im Anschluss hieran sollte eine Abmahnung an den Vertragspartner erfolgen, in welcher er schriftlich aufgefordert wird, seinen vertraglichen Pflichten nachzukommen.

Diese Abmahnung sollte zu Nachweisezwecken per Einwurf-Einschreiben erfolgen. Kommt der Auftraggeber dennoch seiner Verpflichtung nicht nach und tritt keine Verbesserung der Putzleistung ein, so kann die Einrichtungsleitung den Vertrag fristlos kündigen.[33]

Zu beachten ist hierbei, dass die Kündigung stets verhältnismäßig sein muss. Die fristlose Kündigung, muss zudem innerhalb von zwei Wochen ab Kenntnisnahme der Tatsachen erfolgen, die den wichtigen Grund begründen. So ist es beispielsweise nicht möglich, dass sich die Einrichtungsleitung erst vier Wochen nach erneuter Feststellung der Schlechtleistung dazu entschließt, den Vertrag fristlos zu kündigen.

Das Wichtigste in Kürze

- Bei Verträgen mit einer festen Laufzeit ist eine Kündigung nur außerordentlich möglich.
- Die Gründe für eine außerordentliche Kündigung sollten im Detail (Datum der Pflichtverletzung, genaue Bezeichnung der Pflichtverletzung, Name der Person, die die Pflichtverletzung festgestellt hat) dokumentiert werden, damit im Falle eines späteren Rechtsstreits alles nachgewiesen werden kann.
- Die außerordentliche Kündigung muss vom gesetzlichen Vertreter des Trägers unterschrieben werden und sollte per Einwurf-Einschreiben verschickt werden.

---

33. Ein Muster einer fristlosen Kündigung eines Reinigungsvertrages können Sie den Mustervorlagen des Buches entnehmen.

58 Unbefugte Bildaufnahme: Anwohner beobachtet Sommerfest mit Kamera

Die Einrichtung »Kunterbunt« veranstaltet ein Sommerfest auf dem Außengeländer der Kindertageseinrichtung. Die Einrichtung befindet sich mitten im Wohngebiet. Es wird gespielt, die Kinder planschen leicht bekleidet in einem aufgebauten Kinderpool und genießen die Sonnenstrahlen. Die Erzieherin Kerstin, die sich ebenfalls auf dem Außengelände befindet und während des Sommerfestes die Aufsichtspflicht hat, beobachtet, dass von dem Balkon eines Nachbarhauses eine Person mit ihrer Kamera Fotos von dem Geschehen auf dem Außengelände der Kindertageseinrichtung anfertigt sowie den Ablauf des Festes mit einem Fernglas beobachtet. Die Erzieherin hat keine Idee, wie sie mit ihrer Beobachtung umgehen soll.

Lösung

Im Rahmen der Einführung des § 201a StGB ist nicht nur die Veröffentlichung kompromittierender Bilder unter Strafe gestellt, sondern auch das heimliche Fotografieren oder Filmen einer Person im privaten Bereich. So wird nunmehr bestraft, wer

1. von einer anderen Person, die sich in einer Wohnung oder einem gegen Einblick besonders geschützten Raum befindet, unbefugt eine Bildaufnahme herstellt oder überträgt und dadurch den höchstpersönlichen Lebensbereich der abgebildeten Person verletzt,
2. eine Bildaufnahme, die die Hilflosigkeit einer anderen Person zur Schau stellt, unbefugt herstellt oder überträgt und dadurch den höchstpersönlichen Lebensbereich der abgebildeten Person verletzt,
3. eine durch eine Tat nach Nr. 1 oder 2 hergestellte Bildaufnahme gebraucht oder einer dritten Person zugänglich macht oder
4. eine befugt hergestellte Bildaufnahme der in Nr. 1 oder 2 bezeichneten Art wissentlich unbefugt einer dritten Person zugänglich macht und dadurch den höchstpersönlichen Lebensbereich der abgebildeten Person verletzt.

Ebenso wird bestraft, wer

(2) [...] unbefugt von einer anderen Person eine Bildaufnahme, die geeignet ist, dem Ansehen der abgebildeten Person erheblich zu schaden, einer dritten Person zugänglich macht,

sowie

(3) [...] eine Bildaufnahme, die die Nacktheit einer anderen Person unter achtzehn Jahren zum Gegenstand hat,

1. herstellt oder anbietet, um sie einer dritten Person gegen Entgelt zu verschaffen oder
2. sich oder einer dritten Person gegen Entgelt verschafft.

[...]

Bei dem Außengelände einer Kita handelt es sich in der Regel nicht unbedingt um einen Raum, der gegen Einblicke besonders geschützt ist, es sei denn, die Kita hat hier besondere Vorkehrungen (besonderer Sichtschutz) getroffen.

Es ist jedoch möglich, dass im vorliegenden Fall der § 201a Abs. 3 StGB einschlägig ist. In jedem Fall sollte bei solchen Beobachtungen, wie im oben beschriebenen Fall sofort die Polizei informiert werden. Von eigenen Ermittlungen und Recherchen ist in solchen Fällen dringend abzuraten. Auch ist der Erzieherin zu raten, im Falle solcher Beobachtungen die leicht bekleideten und planschenden Kinder sofort in die Räumlichkeiten der Kita zu schicken, um die mögliche Aufnahme von weiteren komprimierenden Aufnahmen zu verhindern. Weiterhin ist es auch ratsam, die betroffenen Eltern über die Beobachtungen und über die Einschaltung der Polizei zu informieren.

Das Wichtigste in Kürze
- Sollte während der Betreuung der Kinder festgestellt werden, dass Dritte unbefugt Fotos von den Kindern erstellen, informieren Sie umgehend die Polizei, da in besonders gelagerten Fällen die Möglichkeit der Verwirklichung eines Straftatbestandes im Raume stehen könnte.

59 Kinder beschädigen Auto: Geschädigter nimmt Kita in die Pflicht

Das Außengelände der Einrichtung »Casa Bambini« grenzt unmittelbar an einen öffentlichen Parkplatz. Das Außengelände und der Parkplatz sind durch einen Zaun und durch eine Hecke getrennt. Den in der Einrichtung tätigen Erzieherinnen sind die hiermit verbundenen Risiken bewusst.

Immer wieder werden die Kinder von dem pädagogischen Personal darauf hingewiesen, dass keinerlei Gegenstände und insbesondere keine Steine über den Zaun geworfen werden dürfen, da es sonst zu einer Beschädigung der parkenden Fahrzeuge kommen kann. In der Vergangenheit haben sich die Kinder auch stets daran gehalten.

Eines Tages spielen die Kinder unter Beaufsichtigung der Erzieherinnen im Außengelände, der Personalschlüssel ist dabei eingehalten und die Erzieherinnen beobachten aufmerksam die spielenden Kinder. Wenig später erscheint in der Einrichtung ein aufgebrachter Herr, der behauptet, dass die spielenden Kinder mit Steinwürfen sein vor der Einrichtung parkendes Fahrzeug beschädigt hätten. Die Erzieherinnen können sich das nicht erklären, da die spielenden Kinder durchgängig beobachtet worden sind. Es ist natürlich nicht ausgeschlossen, dass ein Kind beim Spielen wenige Sekunden unbeobachtet war und sich der Steinwurf in dieser Zeit ereignete.

Wenige Tage nach diesem Vorfall flattert ein Kostenvoranschlag eines Reparaturdienstes in die Einrichtung. Die Beseitigung des Schadens am Fahrzeug wird voraussichtlich 2.000 € kosten. Der Geschädigte fordert die Einrichtung auf, den Schaden zu regulieren. Die Einrichtungsleitung ist verzweifelt und weiß nicht mehr weiter.

Lösung

Ob eine Verpflichtung des Trägers zur Regulierung der Schäden in den sogenannten »Steinwurffällen« besteht oder nicht, ist immer eine Einzelfallentscheidung und hängt immer davon ab, ob das pädagogische Personal seiner Aufsichtspflicht nachgekommen ist oder nicht.

Grundsätzlich ist eine permanente und lückenlose Überwachung der Kinder »auf Schritt und Tritt« in einer Kita nicht zu gewährleisten und auch nicht geboten. Für die Frage der Aufsichtspflichtverletzung müssten immer die Besonderheiten des einzelnen Falles in den Blick genommen werden, wie etwa die Eigenheiten der jeweiligen Kinder, die örtlichen Gegebenheiten, das Alter der Kinder und die konkrete Aufsichtssituation.

In dem oben beschriebenen Fall spielten die Kinder im Außengelände unter Beobachtung und das pädagogische Personal hat die Kinder in der Vergangenheit aufgefordert, keinerlei Gegenstände über den Zaun zu werfen. In der Vergangenheit gab es auch keine vergleichbaren Fälle, die womöglich eine erhöhte Aufsichtspflicht für das Spielen im Außenbereich gefordert hätten. Mithin besteht daher keine Pflicht seitens des Trägers den entstandenen Schaden am Fahrzeug zu regulieren. Die Einrichtungsleitung kann den Fall gelassen betrachten, da ihre Mitarbeiterinnen alles richtig gemacht haben.

Es ist jedoch darauf zu achten, dass dies immer eine Einzelfallentscheidung ist und es auf die konkreten Gegebenheiten des Sachverhaltes ankommt. Es kommt immer darauf an, ob dem pädagogischen Personal eine Verletzung der Aufsichtspflicht zum Vorwurf gemacht werden kann oder nicht.

Das Wichtigste in Kürze

- Bei der Beschädigung von fremden Eigentum durch die Kindergartenkinder während der Betreuungszeit ist immer zu klären, ob das pädagogische Personal eine Verletzung der Aufsichtspflicht begangen hat oder nicht. Dies ist von zahlreichen Faktoren abhängig und ist immer eine Entscheidung des Einzelfalls.
- Für den Fall, dass eine Verletzung der Aufsichtspflicht angenommen wird, besteht unter Umständen die Möglichkeit, den Schaden durch die Haftpflichtversicherung des Trägers zu regulieren.

60 Baumwurzeln auf dem Nachbargrundstück: Nachbar verlangt Maßnahmen zur Beseitigung

Auf dem Außengelände der Einrichtung »Traumzauberbaum« finden sich zahlreiche schöne und große Bäume. Die Einrichtungsleitung ist sehr stolz auf das Außengelände, im Sommer bieten die Bäume viel Schatten. Eines Tages steht Herr Müller, der unmittelbare Nachbar der Kita, bei der Einrichtungsleitung und teilt dieser mit, dass die Wurzeln der Bäume an der Grundstücksgrenze mittlerweile bis zu seinem Grundstück vorgedrungen sind und dort Schäden angerichtet haben. So ist es beispielsweise der Asphalt auf dem Nachbargrundstück bereits durch die Wurzeln beschädigt. Der Nachbar kündigt an, dass er demnächst den Schaden beziffern wird und die Einrichtung ihm diesen auch ersetzen müsste. Weiterhin verlangt er von der Leitung, zeitnah geeignete Maßnahmen zu ergreifen, um eine Verschlimmerung des bereits eingetretenen Schadens zu verhindern.

Die Einrichtungsleitung wundert sich sehr. Zwar steht das Objekt im Eigentum des Trägers, es könne aber doch nicht richtig sein, dass für derartige Fälle ein Anspruch gegen den Träger besteht. Schließlich kann keiner etwas für die Auswucherungen der Baumwurzel. Die Einrichtungsleitung fragt sich, ob der Anspruch des Nachbarn berechtigt ist. Weiterhin fragt sie sich, ob nicht eine Regulierung des Schadens durch die Haftpflichtversicherung des Trägers möglich wäre.

Lösung

Jeder Baumeigentümer ist nicht nur für die Verkehrssicherheit seines Baumes verantwortlich und haftet für Schäden durch das Umstürzen des Baumes und durch herabfallende Äste, sondern er haftet auch für Schäden, die dadurch entstehen, dass die Baumwurzeln in ein fremdes Grundstück eindringen und dort Schäden verursachen.

Entstehen auf einem Nachbargrundstück Schäden, ist der Eigentümer des Baumes Störer im Sinne von § 1004 BGB, ein Verschulden des Baumeigentümers ist hier nicht erforderlich. Es handelt sich um eine verschuldensunabhängige Haftung. Der Störer kann auf Unterlassung und Beseitigung der Störung in Anspruch genommen werden, wobei es unerheblich ist, ob sich die Störung durch ein Umstürzen des Baumes, durch herabfallende Äste oder durch eindringende Wurzeln ergibt. Neben dem Beseitigungsanspruch hat der Geschädigte auch einen Kostenerstattungs- und Ausgleichsanspruch gegen den Eigentümer. Der durch den Nachbarn geltend gemachte Anspruch in dem obigen Praxisbeispiel ist daher durchaus berechtigt.

Zu klären ist weiterhin, ob in dem oben genannten Fall die Haftpflichtversicherung des Trägers für den eingetretenen Schaden aufkommen kann. Eine Haftpflichtversicherung hat grundsätzlich nur dafür aufzukommen, dass der Versicherungsnehmer durch Dritte auf verschuldensabhängigen Schadensersatz in Anspruch genommen wird. Das ist im vorliegenden Fall gerade nicht der Fall, da die Haftung gerade unabhängig vom Verschulden ist.

Diesbezüglich haben zahlreiche Gerichte in der Vergangenheit jedoch klargestellt, dass ein Versicherungsnehmer aus seiner Sicht keine Differenzierung dieser verschiedenen Arten der Haftung vornimmt. Da Schadensersatzansprüche und nachbarrechtliche Erstattungsansprüche wesensverwandt sind, hat die Versicherung auch solche Haftungsfälle zu übernehmen. Daher sollte die Einrichtungsleitung den Versicherungsfall der Haftpflichtversicherung des Trägers melden.

Das Wichtigste in Kürze

- Jeder Baumeigentümer haftet für Schäden, die durch das Umstürzen des Baumes, herabfallende Äste sowie durch die Baumwurzeln entstehen.
- Oft besteht in diesen Fällen die Möglichkeit der Regulierung des eingetretenen Schadens durch die Haftpflichtversicherung Ihres Trägers.

61 Unfall durch Glatteis: Dienstleister klagt auf Schadensersatz

Der Träger »Groß und Klein e.V.« betreibt mehrere Einrichtungen in Berlin. Jedes Jahr schließt der Träger mit einem externen Dienstleister für seine Einrichtungen, die in seinem Eigentum stehen, einen sogenannten Winterdienstvertrag ab. Gegenstand des Vertrages ist die Schneeräumung und Streuverpflichtung des externen Dienstleisters bei Schnee- und Eisglätte vor den Einrichtungen des Trägers. In der Regel wird der Vertrag für den Zeitraum von November bis April abgeschlossen. Dieses Jahr kam es jedoch zu einem überraschenden Wintereinbruch bereits Mitte Oktober. Zu diesem Zeitpunkt wurde noch kein neuer Vertrag zwischen Träger und Dienstleister abgeschlossen und daher konnte das Glatteis vor der Einrichtung »Musikus« nicht geräumt werden. Bei der Anlieferung des Essens durch ein Cateringunternehmen kam es zu einem schweren Sturz des Fahrers auf dem Glatteis. Wenige Wochen nach dem schweren Unfall tritt der Fahrer an den Kitaträger heran und macht einen Schadensersatzanspruch geltend. Der Träger ist ziemlich verwundert über die Geltendmachung des Anspruches, schließlich konnte niemand mit einem so frühen Wintereinbruch rechnen, außerdem hätte der Fahrer doch besser aufpassen müssen.

Lösung

Kommt jemand auf einem nicht geräumten Weg zu Schaden, muss der Pflichtige Schadensersatz leisten, § 823 Abs. 1 BGB. Grundsätzlich ist der Eigentümer für das Räumen von Schnee und Glatteis verantwortlich. Er trägt dabei die sogenannte »Verkehrssicherungspflicht«. Es ist möglich, diese Pflicht auch auf Dritte zu übertragen. Bei Schnee- und Eisglätte müssen alle Wege, Parkplätze und Hauszugänge, die zum Grundstück gehören, gefahrlos begangen werden können. Diese Verpflichtung besteht auch dann, wenn der Einbruch des Winters überraschend kommt. In diesen Fällen muss der Eigentümer eines Gebäudes dafür Sorge tragen, dass eine unverzügliche Schnee- und Glatteisräumung erfolgt. In dem oben genannten Beispiel hätte daher bei den ersten Schneeflocken ein externer Dienstleister oder ein Mitarbeiter des Trägers mit der Räumung des Schnees bzw. Entfernung des Glatteises beauftragt werden müssen. Insbesondere besteht bei der Glatteisbildung eine sofortige Streuverpflichtung. Kommt es aufgrund der Eisglätte zu einem Unfall, wie im obigen Beispiel, so kann der Verletzte

Schadensersatz und Schmerzensgeld verlangen, wenn die Räumpflichten an der Unfallstelle nicht eingehalten wurden. Anhaltspunkte, dass der Fahrer fahrlässig gehandelt haben könnte, sind dem Sachverhalt nicht zu entnehmen. Der Anspruch des Fahrers ist daher berechtigt, es spielt daher auch keine Rolle, dass der Wintereinbruch überraschend war.

Das Wichtigste in Kürze

• Dem Eigentümer eines Grundstückes obliegt die sogenannte Verkehrssicherungspflicht. Hierzu gehört auch die Beseitigung von Schnee und Eisglätte auf dem Grundstück sowie unmittelbar davor. Insbesondere bei der Bildung von Glatteis ist ein sofortiges Handeln – zu jeder Jahreszeit – erforderlich.
• Die Durchführung dieser Pflicht kann der Eigentümer auf Dritte übertragen.

Teil IV
Mustervorlagen und Übersichten für den Kitaalltag

Musterbetreuungsvertrag für Einrichtungen im Land Berlin

Betreuungsvertrag

zwischen

(Name des Trägers, dieser vertreten durch die Einrichtungsleitung)

– nachfolgend »Träger« genannt –

und

Name der Sorgeberechtigten:
Anschrift der Sorgeberechtigten:
E-Mail:
Tel. (privat):
Tel. (beruflich):

– nachfolgend »Sorgeberechtigte« genannt –

§ 1 Aufnahme und Betreuungsumfang

1. Das Kind

   Nachname: Geburtstag:
   Vorname: Geschlecht:

   wird mit Wirkung zum XX.XX.XXXX in die Einrichtung (Name der Einrichtung) aufgenommen.

   Die Öffnungszeiten der Kindertageseinrichtung sind zum Zeitpunkt des Vertragsschlusses montags bis freitags jeweils von … bis … Uhr und richten sich nach dem jeweiligen festgestellten Betreuungsbedarf (Kitagutschein).

2. Das Kind erhält aufgrund des Kitagutscheins vom .... einen

   O Halbtagsplatz mit Mittagessen   4 bis höchstens 5 Stunden täglich
   O Halbtagsplatz ohne Mittagessen   4 bis höchstens 5 Stunden täglich
   O Teilzeitplatz   über 5 bis höchstens 7 Stunden täglich
   O Ganztagsplatz   über 7 bis höchstens 9 Stunden täglich
   O erweiterten Ganztagsplatz   über 9 Stunden täglich
   O Vollverpflegung

3. Ein Wechsel des Betreuungsumfangs ist möglich. Eine Reduzierung wird gemäß § 7 Abs. 8 des Berliner Kindertagesförderungsgesetzes (KitaFöG) dem Jugendamt mitgeteilt. Die Sorgeberechtigten sind verpflichtet, den Träger hierüber unverzüglich zu informieren.

4. Für eine Erweiterung ist ein erneuter Antrag nach den Voraussetzungen des KitaFöG erforderlich. Auf der Grundlage des neuen Bescheides (Gutschein) wird der Träger den entsprechenden Änderungswünschen unter Wahrung der geltenden Personalstandards in der Einrichtung nachkommen. Ist dies zum gewünschten Zeitpunkt nicht möglich, gilt der zuletzt vereinbarte Betreuungsumfang so lange fort, bis der gewünschte Angebotswechsel vorgenommen werden kann.

5. Die Betreuung des Kindes sowie die Durchführung dieses Vertrages im Übrigen erfolgt nach Maßgabe des KitaFöG i.V. mit dem Tagesbetreuungskostenbeteiligungsgesetz (TKBG) und der hierzu erlassenen Verordnungen in den jeweils geltenden Fassungen sowie unter Mitwirkung der Sorgeberechtigten nach einem pädagogischen Konzept.

6. Bei unentschuldigtem Fehlen des Kindes, ist die Einrichtung verpflichtet, das Jugendamt ab dem 10. Tag der unentschuldigten Nichtteilnahme an der Förderung zu informieren. Gleiches gilt auch für andere Fälle der längerfristigen Nicht- oder nur teilweisen Nutzung der finanzierten Förderung. Das Jugendamt überprüft dann, ob der Bescheid (Gutschein), der Grundlage dieses Vertrages ist, verfällt.

7. Der Besuch der Einrichtung darf erst dann begonnen werden, wenn der Leitung die Unbedenklichkeit der Aufnahme durch eine ärztliche Bescheinigung des für den Wohnbereich des Kindes zuständigen Gesundheitsamtes oder eines Kinderarztes nachgewiesen ist. Die Bescheinigung ist innerhalb einer Woche vor dem vorgesehenen Aufnahmetermin des Kindes auszustellen.

8. Zeitnah vor der Erstaufnahme muss ferner eine ärztliche Impfberatung über den vollständigen, altersgemäßen, nach Empfehlung der ständigen Impfkommission ausreichenden Impfschutz des Kindes stattgefunden haben. Über diese Beratung müssen die Sorgeberechtigten einen schriftlichen Nachweis erbringen. Der schriftliche Nachweis über die erfolgte Impfberatung kann zusammen mit dem Nachweis der Unbedenklichkeit der Aufnahme des Kindes auf einer ärztlichen Bescheinigung erbracht werden.

§ 2 Kosten

1. Nach § 26 KitaFöG i.V.m. dem Tagesbetreuungskostenbeteiligungsgesetz (TKBG) in der jeweils geltenden Fassung haben sich die Sorgeberechtigten an den Kosten der Kinderbetreuung zu beteiligen. Die Höhe der Kostenbeteiligung richtet sich nach dem jeweils gültigen, durch das Jugendamt erstellten Kostenbescheid und beinhaltet die

durch das TKBG festgesetzten Beiträge zur Betreuung (einkommens-abhängig) und Verpflegung.

2. Zuzahlungen (über die Kostenbeteiligung hinausgehende finanzielle Verpflichtung der Sorgeberechtigten) sind nur zulässig, wenn sie sich aufgrund von besonderen Leistungen des Trägers ergeben, die von den Sorgeberechtigten gewünscht werden. Diese Verpflichtung kann von den Sorgeberechtigten jederzeit einseitig aufgehoben werden, ohne dass sich daraus ein Kündigungsgrund ergibt. Die Sorgeberechtigten kön-nen auch einen Platz verlangen, der über die Kostenbeteiligung nach dem Tagesbetreuungskostenbeteiligungsgesetz hinaus keine Zahlungs-verpflichtungen umfasst. Die Kostenerstattung durch das Land Berlin setzt insbesondere voraus, dass alle in dem Kindergarten geförderten Kinder unter Berücksichtigung ihrer individuellen Fähigkeiten an den im Zusammenhang mit der Förderung angebotenen Leistungen teil-haben können. Von den Sorgeberechtigten zusätzliche gewünschte Leistungen und die Höhe der vereinbarten Zuzahlungen werden in einer Anlage zu diesem Betreuungsvertrag detailliert aufgestellt und beschrieben.

3. Im Falle einer rückwirkenden Veränderung der Kostenbeteiligung er-folgen Nachforderungen und Rückzahlungen direkt zwischen Jugend-amt und Sorgeberechtigten.

4. Ab dem 1. August 2017 entfällt die Kostenbeteiligungspflicht in den letzten fünf Jahren vor Beginn der regelmäßigen Schulpflicht, ab dem 1. August 2018 ist die Betreuung für alle Kinder ab Betreuungsbeginn kostenfrei. Der Verpflegungsanteil in Höhe von derzeit monatlich 23,00 EUR bleibt bestehen.

5. Der Beitrag ist monatlich im Voraus bis spätestens zum 3. eines Mo-nats zu entrichten. Ein Anspruch auf Erstattung von Kostenbeiträgen wegen Fehlzeiten des Kindes, Schließzeiten oder sonstiger Ausfall-zeiten bzw. nicht erfolgter Inanspruchnahme des Betreuungsangebotes besteht nicht. Es besteht ebenfalls kein Anspruch auf Rückerstattung von Kostenbeiträgen oder Teilen von Kostenbeiträgen, wenn die Ein-richtung aus Gründen, die der Träger nicht zu vertreten hat, vorüber-gehend den Betrieb einschränken oder einstellen muss. Bei Betreuung von weniger als einem Monat ist der volle Monatssatz der Kostenbe-teiligung zu zahlen.

6. Sofern die Sorgeberechtigten eine zusätzliche Verpflegung (Frühstück und Vesper) für ihr Kind wünschen, erhebt der Träger ein zusätzliches Entgelt für diese Leistung.

7. Der monatliche Kostenbeitrag wird einschließlich der Kosten für die Verpflegung im SEPA-Lastschriftverfahren erhoben.

8. Eventuell anfallende Mahngebühren und Kosten gehen zu Lasten der Sorgeberechtigten. Der Träger ist berechtigt, für jede Mahnung eine Verwaltungsgebühr in Höhe von derzeit 2,50 EUR und für die Rückbuchung des Elternbeitrages bei Lastschrifteinzug die Rückbuchungsgebühr in Höhe der tatsächlich angefallenen Höhe zu berechnen.

§ 3 Vertragsende und Kündigung

1. Soweit nicht nach § 1 anderweitig befristet, endet der Vertrag spätestens zum 31.07. des Jahres, in dem die regelmäßige Schulpflicht für das Kind beginnt sowie im Fall einer vorzeitigen Einschulung mit Aufnahme in die Schule, ohne dass es einer Kündigung bedarf. Die Sorgeberechtigten sind verpflichtet, die Einrichtung zeitnah zu informieren, wenn das Kind auf Antrag nach § 42 Abs. 2 des Berliner Schulgesetzes (SchulG) vor Beginn der regelmäßigen Schulpflicht in die Schule aufgenommen oder nach § 42 Abs. 3 SchulG vor Beginn der Schulpflicht eine Befreiung von der Schulpflicht beantragt wird.

2. Der Vertrag endet, ohne dass es einer Kündigung bedarf, zum Ende eines Monats in dem das Kind oder die den gewöhnlichen Aufenthalt in Berlin aufgeben. Die Sorgeberechtigten sind verpflichtet, bei Aufgabe des gewöhnlichen Aufenthalts in Berlin unverzüglich der Einrichtung mitzuteilen. Kommt es durch eine nicht rechtzeitige Meldung der Sorgeberechtigten ohne Verschulden des Trägers zu einer Rückforderung der öffentlichen Finanzierung, sind die Sorgeberechtigten verpflichtet, den entsprechenden Schaden des Trägers auszugleichen.

3. Der Vertrag kann durch die Sorgeberechtigten ist mit einer Frist von einem Monat zum Monatsende gekündigt werden, § 16 Abs. 1 Nr. 4 KitaFöG. Die Kündigung bedarf der Textform. Für die Wahrung der Frist ist der rechtzeitige Eingang der Kündigung ausschlaggebend.

4. Beide Vertragsparteien können den Vertrag fristlos kündigen, wenn insbesondere die in diesem Vertrag enthaltenen Grundsätze, Bestimmungen und Regelungen wiederholt und vorsätzlich nicht beachtet wurden oder wenn andere schwerwiegende Gründe vorliegen. Die Gründe sind detailliert schriftlich darzulegen.

5. Bei einer Kündigung wegen Nichtleistung der Kostenbeteiligung, ist die Einrichtung verpflichtet, dies dem zuständigen Jugendamt unter Nennung des Namens und der Anschrift des Kindes und der Sorgeberechtigten mitzuteilen.

6. Bei Beendigung der Förderung von Kindern mit festgestelltem Sprach-förderbedarf im letzten Jahr vor Beginn der regelmäßigen Schulpflicht, ist die Einrichtung verpflichtet, dies dem zuständigen Jugendamt unter Nennung des Namens und der Anschrift des Kindes und der Sorge-berechtigten mitzuteilen.

7. Die Kostenbeiträge (§ 2 dieses Vertrages) sind bis zum Ablauf der Kündigungsfrist zu zahlen, unabhängig davon, ob das Kind das Be-treuungsangebot wahrnimmt oder nicht.

§ 4 Erkrankung und Abwesenheit des Kindes in der Einrichtung

1. Jede Erkrankung eines Kindes gemäß Infektionsschutzgesetz und jeder Fall einer übertragbaren Krankheit in der Wohngemeinschaft des Kin-des sind der Einrichtung umgehend zu melden. Ferner ist die Ein-richtung ebenfalls unverzüglich davon in Kenntnis zu setzen, wenn das Kind die Einrichtung aus anderen Gründen nicht besuchen kann.

2. Kinder, die an einer übertragbaren Krankheit leiden (siehe Anlage B7 Merkblatt »Belehrung für Eltern und sonstige Sorgeberechtigte gem. § 34 Abs. 5 S. 2 Infektionsschutzgesetz«), dürfen die Einrichtung nicht besuchen. Ausnahmen bedürfen der ausdrücklichen amtsärztlichen Zustimmung und Vorlage eines entsprechenden ärztlichen Attestes. Er-krankt ein Kind an einer Infektionskrankheit, so muss vor Wiederauf-nahme ein Attest oder eine Unbedenklichkeitsbescheinigung darüber vorgelegt werden, dass das Kind wieder gesund ist.

   Nach längerer Abwesenheit außerhalb der Ferien- und Schließzeiten kann der Träger eine ärztliche Untersuchung verlangen. Grundsätzlich reicht es aus, wenn aus der Krankschreibung des Arztes Beginn und Ende der Erkrankung hervorgehen.

3. Stellt die Einrichtung die Erkrankung eines Kindes fest, werden die Sorgeberechtigten sofort benachrichtigt. Diese sind dann verpflichtet, das Kind unverzüglich aus der Einrichtung abzuholen. In dringenden Fällen wird durch die Einrichtung eine ärztliche Notversorgung reali-siert.

4. Die Mitarbeiter/innen der Einrichtung dürfen dem Kind grundsätz-lich keine Medikamente verabreichen, es sei denn, Träger und Sorge-berechtigten treffen diesbezüglich eine Ausnahmeregelung für den konkreten Einzelfall. Eine Ausnahmeregelung wird nur im Falle einer chronischen Erkrankung des Kindes getroffen.

§ 5 Öffnungszeiten der Einrichtung

1. Die Betreuung findet im Rahmen der jeweiligen Öffnungszeiten der Einrichtung statt. Beim Bringen und Abholen des Kindes ist die An- bzw. Abmeldung bei der/dem zuständigen Erzieher/in erforderlich.

2. Die Einrichtung kann bis zu 25 Werktage im Jahr ganz oder teilweise geschlossen werden. Die Schließzeiten werden rechtzeitig mit dem jeweils in der Einrichtung zuständigen Elterngremium abgestimmt und bekanntgegeben.

3. Die Einrichtung kann ferner auf behördliche Anordnung oder aus anderen zwingenden Gründen geschlossen werden. Ein Anspruch auf Betreuung besteht auf Grund dieses Vertrages während einer solchen Schließung nicht.

§ 6 Betreuung in der Einrichtung

1. Zu Beginn der Betreuung soll je nach Alter des Kindes in Abstimmung mit der Einrichtungsleitung und den zuständigen Erzieher/innen eine Eingewöhnung des Kindes durch eine dem Kind vertraute Bezugsperson stattfinden. Die Dauer der Eingewöhnung soll sich nach dem Entwicklungsstand des Kindes richten und kann bis zu vier Wochen betragen.

2. Mit der Einrichtungsleitung ist schriftlich festzulegen, wann und von wem das Kind (außer den Sorgeberechtigten) abgeholt werden darf.

3. Während des Besuchs der Einrichtung und auf den damit im Zusammenhang stehenden Wegen besteht für das Kind gesetzlicher Unfallversicherungsschutz. Wegeunfälle sind der Leitung unverzüglich zu melden, damit eine Unfallanzeige fristgerecht erstellt werden kann.

4. Für das Kind ist es besonders wichtig, dass die Sorgeberechtigten und die Mitarbeiter/innen vertrauensvoll zusammenarbeiten und sich gegenseitig informieren. Es wird daher erwartet, dass die Sorgeberechtigten an den von der Einrichtung einberufenen Elternversammlungen teilnehmen. Für Einzelgespräche stehen die Einrichtungsleitung und die jeweiligen Erzieher/innen nach Vereinbarung gerne zur Verfügung.

5. Die Elternbeteiligungsrechte richten sich nach den gesetzlichen Grundlagen. Über die bestehenden Regelungen und Gremien in der Einrichtung und beim Träger informiert die Einrichtungsleitung.

§ 7 Datenschutz

1. Der Träger kann, soweit dies zur Erfüllung seiner Aufgaben nach dem Kinder- und Jugendhilfegesetz oder aufgrund anderer gesetzlicher Vorschriften zulässig ist, personenbezogene Daten des Kindes und der Sorgeberechtigten verarbeiten. Die Erhebung, Verarbeitung und Nutzung personenbezogener Daten des Kindes bzw. der Sorgeberechtigten erfolgt ausschließlich gemäß den Vorgaben der einschlägigen datenschutzrechtlichen Bestimmungen. Die personenbezogenen Daten werden nur für Zwecke des Abschlusses und der vertragsgemäßen Durchführung und Abwicklung des Betreuungsvertrages erhoben, verarbeitet und genutzt.

2. Zur Vereinfachung von Korrespondenz und Information zwischen Träger und den Sorgeberechtigten erklären sich diese damit einverstanden, dass die angegebene E-Mail-Adresse zur Zusendung von Informationen der Einrichtung verwendet werden darf. Eine darüberhinausgehende Weitergabe der E-Mail-Adresse an Dritte findet nicht statt. Die gesetzlichen Datenschutzbestimmungen werden gewahrt. Diese Einverständniserklärung kann jederzeit in Textform widerrufen werden.

3. Im Falle des Zahlungsverzuges erklären sich die Sorgeberechtigten damit einverstanden, dass ihre personenbezogenen Daten (Kontaktinformationen, Forderungshöhe, Fälligkeitsdatum) an Inkassounternehmen oder Rechtsanwälte weitergegeben werden. Die Weitergabe der personenbezogenen Daten erfolgt zum Zweck des Forderungseinzugs bzw. zur gerichtlichen Durchsetzung der Forderung. Es werden nur Daten an Dritte weitergegeben, welche im Zusammenhang mit der Forderung stehen.

§ 8 Sonstiges

1. Änderungen der persönlichen Verhältnisse, insbesondere Anschriften, Telefonnummern, Namensänderungen und Änderungen der Personensorge sowie der besonderen persönlichen Umstände, die Einfluss auf das Verhalten des betreuten Kindes haben können, sind der Einrichtungsleitung unverzüglich in Textform mitzuteilen.

2. Weitere Bestimmungen und Auflagen der Einrichtung sind in der Hausordnung aufgeführt, die in der Einrichtung einsehbar aushängt und den Sorgeberechtigten mit dem Abschluss dieses Vertrages ausgehändigt wurde. Die Sorgeberechtigten erkennen die Geltung der Hausordnung durch untenstehende Unterschrift als verbindlich an.

Sollte eine Bestimmung dieses Vertrages ganz oder teilweise rechtsunwirksam sein oder werden, so wird die Gültigkeit der übrigen Bestimmungen dadurch nicht berührt. Die unwirksame Regelung ist durch eine wirksame Regelung zu ersetzen, die dem verfolgten Zweck weitestgehend entspricht.

Ort, Datum ....

....
Unterschriften der Sorgeberechtigten   Unterschrift Kitaleitung

Anlage: Belehrung nach dem Infektionsschutzgesetz
Hausordnung der Einrichtung

Belehrung für Eltern und sonstige Sorgeberechtigte gem. § 34 Abs. 5 S. 2 Infektionsschutzgesetz (IfSG)

Wenn Ihr Kind eine ansteckende Erkrankung hat und dann eine Gemeinschaftseinrichtung (GE) wie beispielsweise eine Kindertageseinrichtung besucht, in die es jetzt aufgenommen werden soll, kann es andere Kinder, Erzieher oder Betreuer anstecken. Außerdem sind gerade Säuglinge und Kinder während einer Infektionskrankheit abwehrgeschwächt und können sich dort noch Folgeerkrankungen (mit Komplikationen) zuziehen.

Um dies zu verhindern, möchten wir Sie mit diesem Merkblatt über Ihre Pflichten, Verhaltensweisen und das übliche Vorgehen unterrichten, wie sie das Infektionsschutzgesetz vorsieht.

Das Infektionsschutzgesetz bestimmt, dass ein Besuchsverbot sowie eine Mitteilungspflicht der Sorgeberechtigten bei Verdacht der nachfolgenden Krankheiten gegeben sind:

• ansteckende Borkenflechte (Impetigo contagiosa)
• ansteckungsfähige Lungentuberkulose
• bakterieller Ruhr (Shigellose)
• Cholera
• Darmentzündung (Enteritis), die durch EHEC verursacht wird
• Diphtherie
• durch Hepatitisviren A oder E verursachte Gelbsucht/Leberentzündung
• (Hepatitis A oder E)

- Hirnhautentzündung durch Hib-Bakterien
- infektiöser, das heißt von Viren oder Bakterien verursachter, Durchfall und/oder
- Erbrechen (gilt nur für Kinder unter 6 Jahren)
- Keuchhusten (Pertussis)
- Kinderlähmung (Poliomyelitis)
- Kopflausbefall (wenn die korrekte Behandlung noch nicht begonnen wurde)
- Krätze (Skabies)
- Masern
- Meningokokken-Infektionen
- Mumps
- Pest
- Scharlach oder andere Infektionen mit dem Bakterium Streptococcus pyogenes
- Typhus oder Paratyphus
- Windpocken (Varizellen)
- virusbedingtes hämorrhagisches Fieber (z.B. Ebola)

Der Besuch von Gemeinschaftseinrichtungen ist nur mit Zustimmung des Gesundheitsamtes bei Ausscheidung folgender Krankheitserreger möglich:
- Cholera-Bakterien
- Diphtherie-Bakterien
- EHEC-Bakterien
- Typhus- oder Paratyphus-Bakterien
- Shigellenruhr-Bakterien
- ansteckungsfähige Lungentuberkulose
- bakterielle Ruhr (Shigellose)
- Cholera
- Darmentzündung (Enteritis), die durch EHEC verursacht wird

Auch in diesen Fällen besteht eine Mitteilungspflicht der Sorgeberechtigten.

Ein Besuchsverbot und eine Mitteilungspflicht der Sorgeberechtigten besteht zudem gemäß dem Infektionsschutzgesetz bei Verdacht auf eine Erkrankung an folgenden Krankheiten bei einer anderen Person in der Wohngemeinschaft:
- Diphtherie
- durch Hepatitisviren A oder E verursachte Gelbsucht/Leberentzündung (Hepatitis A oder E)
- Hirnhautentzündung durch Hib-Bakterien

- Kinderlähmung (Poliomyelitis)
- Masern
- Meningokokken-Infektionen
- Mumps
- Pest
- Typhus oder Paratyphus
- virusbedingtes hämorrhagisches Fieber (z.B. Ebola)

Gegen Diphtherie, Masern, Mumps, (Röteln), Kinderlähmung, Typhus und Hepatitis A stehen Schutzimpfungen zur Verfügung. Liegt dadurch ein Schutz vor, kann das Gesundheitsamt in Einzelfällen das Besuchsverbot sofort aufheben. Bitte bedenken Sie, dass ein optimaler Impfschutz jedem Einzelnen sowie der Allgemeinheit dient.

Quelle: Robert Koch-Institut (www.rki.de)

Tipp

Dieses Informationsblatt wird beim Vertragsschluss den Sorgeberechtigten überreicht. Die Erfahrung zeigt, dass die Informationen im Verlauf der Betreuungszeit in Vergessenheit geraten können. Daher ist es sinnvoll, zu Beginn eines jeden Kitajahres die Eltern mit einem Infobrief an die Verpflichtungen schriftlich zu erinnern.

Mustervorlage Rundschreiben zur Einführung einer Gebühr im Falle der verspäteten Abholung des Kindes aus dem Kindergarten

Sehr geehrte Eltern,

bedauerlicherweise kommt es in letzter Zeit immer wieder dazu, dass Sie Ihre Kinder aus der Einrichtung verspätet abholen. Dies hat zur Folge, dass unsere Mitarbeiterinnen Überstunden machen müssen und teilweise selbst ihre Kinder nicht betreuen können. Dieser Zustand ist für unsere Mitarbeiterinnen sehr frustrierend. Bitte denken Sie daran, dass auch die Erzieherinnen private Verpflichtungen haben, denen sie nachkommen müssen. Wir fordern Sie mit diesem Schreiben auf, Ihre Kinder in Zukunft pünktlich aus der Einrichtung abzuholen. Im Falle einer verspäteten Abholung von mehr als 15 Minuten werden wir ab dem XX.XX.XXXX eine Verspätungsgebühr in Höhe von 20 EUR je angefangene Viertelstunde erheben müssen. Die Verspätungsgebühr ist jeweils zum Ende des auf die Verspätung folgenden Monats zur Zahlung fällig und ist auf das nebenstehende Konto zu überweisen.

Durch die Unterzeichnung dieses Rundschreibens erkennen Sie die oben aufgeführten Regelungen als zusätzlichen Bestandteil des bestehenden Betreuungsvertrages an.

....

Wir haben die Regelungen zur Verspätungsgebühr, die ab dem XX.XX. XXXX in Kraft treten werden, zur Kenntnis genommen und erklären uns mit diesen einverstanden.

Ort, Datum ....

....
Unterschrift Sorgeberechtigte/r   Unterschrift Sorgeberechtigte/r

Tipp

Dieses Schreiben sollte in zweifacher Ausfertigung ausgedruckt werden. Ein Exemplar erhalten die Sorgeberechtigten für ihre Unterlagen, das zweite Exemplar erhält der Träger. Es handelt sich hierbei um einen Nachtrag zum abgeschlossenen Betreuungsvertrag sofern dieser keine Regelung zur Verspätungsgebühr enthält.

Mustervorlage Dauervollmacht für Abholpersonen

Hiermit bevollmächtige/n ich/wir, bis auf schriftlichen Widerruf, die unten genannten Personen zur Abholung meines Kindes .... (vollständiger Name des Kindes) aus der Kindertageseinrichtung. Ich werde die unten genannten Personen darüber informieren, dass die Vorlage eines amtlichen Ausweispapieres bei der Abholung meines Kindes erforderlich ist.

Das betreute Kind kann außer von den Eltern von folgenden Personen abgeholt werden:

Name, Vorname	Ausweis-/Passnummer	Geburtsdatum

Ort, Datum ....

....
Unterschrift Sorgeberechtige/r   Unterschrift Sorgeberechtigte/r

Mustervorlage einer Erklärung zur Medikamentenvergabe an chronisch kranke Kinder innerhalb der Kindertageseinrichtung

Erklärung

Wir, ... möchten, dass unserem Kind
.... während seines Aufenthaltes in der Kindertagesstätte .... Medikamente verabreicht werden.
Wir sind verpflichtet, das Haltbarkeitsdatum der Medikamente zu überprüfen und diese ggf. zu erneuern. Die Medikamente werden in der Originalverpackung übergeben. Veränderungen des Gesundheitszustandes bzw. der Medikation sind gegenüber der Einrichtungsleitung umgehend von uns schriftlich mitzuteilen.

Diese Regelung gilt nur, wenn der behandelnde Arzt den Besuch der Kindertagesstätte für unbedenklich hält (Vorlage einer Bescheinigung). Der Arzt muss darüber hinaus bescheinigen, dass die Notwendigkeit besteht, die nachfolgend genannten Medikamente während der Öffnungszeit der Kindertagesstätte zu verabreichen. Dazu beinhaltet die Bescheinigung eine Anweisung zur Medikation einschließlich Angaben über die Dauer der Medikamentenvergabe.

Folgende Medikamente werden von meinem Kind benötigt:

Name des Medikamentes	Wirkung	Dosierung	Tageszeit/ Uhrzeit	Dauer	behandelnder Arzt

Diese Regelung erfolgt in Absprache und mit Einverständnis der Leitung der Kindertagesstätte und den zuständigen Erzieherinnen.

Bei Unvorhergesehenem, z.B. Nebenwirkungen, ist wie folgt zu verfahren:

....

....

....

....

....

Datum/Unterschrift   Datum/Unterschriften
der Kitaleitung   der Sorgeberechtigten

....

Datum/Unterschrift des behandelnden Arztes samt Stempel

Nachweisblatt zur Medikamentenvergabe

in der Kita ....

zur Erklärung vom .... für das Kind

....

Name des Medikaments	Dosierung	Datum der Medikamentenvergabe	Tageszeit/ Urzeit	Unterschrift der Erzieher/-in

┌─ **Tipp** ──────────────────────────────

Dieses Nachweisblatt ist umgehend nach der Verabreichung der erforderlichen Medikamente durch die Erzieherinnen auszufüllen und an einem sicheren Ort aufzubewahren.

Mustervorlage Zusatzvereinbarung für die Zusammenarbeit mit externen Anbietern

Betreuungsvertragsnummer:
zum bestehenden Betreuungsvertrag vom:
Für das Kind (Name/Vorname):

Folgender Zusatz zum bestehenden Betreuungsvertrag wird vereinbart:

Zwischen den Personensorgeberechtigten des o.g. Kindes besteht ein separater Vertrag über die Erbringung von Skistunden mit (bitte einfügen) (nachfolgend auch Skischule genannt).

Die Skistunden finden jeweils wöchentlich, immer (bitte einfügen) in der Zeit von (bitte einfügen) Uhr bis (bitte einfügen) Uhr statt. Das Training findet auf dem Gelände (bitte einfügen) statt.

Die Sorgeberechtigten erteilen hiermit gegenüber den Mitarbeitern der Skischule die Abholberechtigung für das o.g. Kind zum Zwecke der Durchführung der Skistunden.

Den Sorgeberechtigten ist bekannt, dass entgegen der Regelungen im Betreuungsvertrag die Aufsichtspflicht während des Trainings der Skischule obliegt.

Die Sorgeberechtigten nehmen zur Kenntnis, dass während der Durchführung der Skistunden kein Personal aus dem Kindergarten anwesend ist. Die Aufsichtspflicht des Personals endet mit der Übergabe des o.g. Kindes an den Mitarbeiter der Skischule. Nach dem Training werden die Kinder von den Mitarbeitern der Skischule in die Einrichtung gebracht, die Aufsichtspflicht über das o.g. Kind beginnt mit der Übergabe des Kindes an das Personal.

Die Sorgeberechtigten werden explizit darauf hingewiesen, dass das Kind während der oben näher beschriebenen Trainingsstunden nicht über den Träger versichert ist und diese Aktivität nicht von der gesetzlichen Unfallversicherung umfasst ist.

Im Übrigen bleiben alle Regelungen des abgeschlossenen Betreuungsvertrages unberührt.

....

Datum/Unterschrift   Datum/Unterschriften
Sorgeberechtigte   Leitung des Kindergartens

Informationsschreiben zum Umgang mit kranken Kindern in der Einrichtung

Sehr geehrte Eltern,

während der Zeit, die Ihr Kind bei uns verbringt, wird es immer wieder an kleinen Infekten erkranken, da das Immunsystem bei Kleinkindern noch nicht vollständig ausgebildet ist. Zum Schutz der anderen Kinder sowie unserer Mitarbeiterinnen bitten wir Sie, die nachfolgenden Regelungen einzuhalten.

Wenn das Wohlbefinden des Kindes durch Krankheit derart beeinträchtigt ist, dass es nicht an den pädagogischen Angeboten teilnehmen kann, muss es zu Hause gepflegt werden. Verschlimmert sich der Gesundheitszustand des Kindes, das morgens noch recht munter war, während der Betreuungszeit, werden die Eltern benachrichtigt und aufgefordert, ihr Kind abzuholen. Die betreuenden Erzieherinnen treffen dazu die Entscheidung. In diesem Fall bitten wir Sie, auch in Ihrem eigenen Interesse, das Kind schnellstmöglich aus der Einrichtung abzuholen.

Bitte beachten Sie in diesem Zusammenhang folgende Regelungen:

• Bei Fieber (ab 38 Grad Celsius) ist eine Betreuung in der Einrichtung ausgeschlossen. Ihr Kind bleibt jetzt zur Beobachtung und Erholung mindestens 48 Stunden zu Hause. Wenn Ihr Kind 24 Stunden fieberfrei ist, kann es bei uns wieder betreut werden.

• Bei erhöhter Temperatur (bis 38 Grad Celsius) entscheidet das allgemeine Wohlbefinden des Kindes und sein Verhalten darüber, ob es die Einrichtung besuchen kann.

• Wenn Husten, Schnupfen oder (krankheitsbedingte) Erschöpfung das Wohlbefinden Ihres Kindes so beinträchtigen, dass es nicht aktiv am Kitaalltag teilnehmen kann, bitten wir Sie, das Kind zuhause zu betreuen.

• Treten bei dem Kind einmalige Beschwerden wie Durchfall oder Erbrechen auf, muss es aus der Kita abgeholt werden. Ist das Kind 24 Stunden vollkommen beschwerdefrei, kann es wieder in der Kita betreut werden.

• Werden bei Ihrem Kind Kopfläuse entdeckt, muss Ihr Kind sofort aus der Einrichtung abgeholt werden. Wir bitten Sie, Ihr Kind sofort mit einem speziellen Shampoo zu behandeln. Nach einer erfolgreichen Behandlung darf Ihr Kind in sein gewohntes Umfeld zurückkehren. Solange das betroffene Kind keine wirksame Behandlung erhält, ist eine Betreuung grundsätzlich ausgeschlossen.

- Besondere Maßnahmen und die Meldepflicht bei Infektionskrankheiten nach dem Infektionsschutzgesetz (z.b. Masern) entnehmen Sie bitte dem entsprechenden Informationsblatt, welches Sie bei der Unterzeichnung des Betreuungsvertrages von uns erhalten haben.

Das Informationsschreiben zum Umgang mit kranken Kindern in der Kindertageseinrichtung haben wir zur Kenntnis genommen und werden die dort enthaltenen Regelungen während des Vertragsverhältnisses stets beachten.

Ort, Datum ....

....

Unterschrift Sorgeberechtige/r   Unterschrift Sorgeberechtigte/r

Anlage zum Umgang mit Zecken

Infoschreiben und Einverständniserklärung[34] zur Entfernung von Zecken

Die gesetzlichen Unfallkassen empfehlen, Zecken unverzüglich zu entfernen und die Einstichstelle zu desinfizieren. Je schneller die Zecke entfernt wird, desto geringer ist die Gefahr einer Infektion. Wird erst darauf gewartet, dass das Kind von den Eltern abgeholt wird, damit diese dann die Zecke selber entfernen oder durch einen Arzt entfernen lassen, erhöht das das Risiko einer Infektion. Wir bitten daher um die Erteilung Ihres Einverständnisses, dass Zecken fachgerecht durch unsere pädagogischen Fachkräfte entfernt werden und die Einstichstelle desinfiziert werden darf. Die Entfernung erfolgt mittels einer Zeckenkarte bzw. mittels einer Zeckenzange.

Der Zeckenbiss wird im Anschluss markiert, es erfolgt dann eine Eintragung ins Unfallbuch. Bei der Abholung werden Sie über eine etwaige Zeckenentfernung informiert. In diesen Fällen bitten wir Sie, eine Woche lang die Einstichstelle intensiv zu beobachten und bei Hautveränderungen oder Veränderungen des Gesundheitszustandes (Müdigkeit, Erbrechen, Kopfschmerzen) unverzüglich den Arzt aufzusuchen.

Name des Kindes:

Geburtsdatum:

Kindertageseinrichtung:

Betreuungsvertragsnummer:

Zu der Entfernung von Zecken durch das pädagogische Personal der Einrichtung bei unserem Kind erkläre/n ich/wir uns hiermit (bitte Zutreffendes ankreuzen):

( ) einverstanden

( ) nicht einverstanden

---

34. Die Einverständniserklärung ist immer von allen vorhandenen Personensorgeberechtigten zu unterschreiben, gleichgültig, ob diese verheiratet, getrennt lebend oder unverheiratet sind.

Im Falle der Nichterteilung der Einwilligung werden wir Sie bei einem Zeckenbiss unverzüglich informieren damit Sie geeignete Maßnahmen ergreifen können.

Ort, Datum ....

....
Unterschrift(en) Personensorgeberechtigte(r)

Muster einer Zahlungserinnerung

(Name und Anschrift der Schuldner. Bei mehreren Schuldnern ist die Zahlungserinnerung stets an beide zu adressieren).

Ort, Datum

Zahlungserinnerung

Sehr geehrte/r Frau/Herr Mustermann,

wir wissen, dass in der Hektik des Alltags vieles vergessen wird. Deshalb möchten wir Sie mit diesem Schreiben an einen noch ausstehenden Betrag für die Betreuungskosten/Verpflegungskosten in unserer Einrichtung erinnern.

Zum gegenwärtigen Zeitpunkt besteht eine offene Forderung in Höhe von insgesamt XY EUR. Diese setzt sich wie folgt zusammen: (nähere Erläuterung).

Wir fordern Sie hiermit auf, diesen Betrag bis spätestens zum XX.XX. XXXX. auf das nachstehende Bankkonto zu überweisen:

Angaben zur Kontoverbindung:

Sofern Sie zwischenzeitlich die Zahlung veranlasst haben, bitten wir Sie, dieses Schreiben als gegenstandslos zu betrachten.

Auf dieses Schreiben wird eine Gebühr in Höhe von 2,50 EUR erhoben.

Mit freundlichen Grüßen

Unterschrift der Leitung

Muster eines Mahnschreibens

(Name der Schuldner. Bei mehreren Schuldnern ist die Zahlungserinnerung stets an beide zu adressieren).

Ort, Datum

1. Mahnung

Sehr geehrte/r Frau/Herr Mustermann,

leider konnten wir auf unsere Zahlungserinnerung vom XX.XX.XXXX weder eine Reaktion Ihrerseits, noch einen Zahlungseingang feststellen. Wir fordern Sie hiermit nochmals auf, den Betrag bis spätestens zum XX.XX.XXXX. auf das angegebene Bankkonto zu überweisen.

Sollte der Zahlungsausgleich nicht innerhalb der Frist oder nur unvollständig bei uns eingehen, sehen wir uns gezwungen, ohne weitere Ankündigung rechtliche Schritte einzuleiten. Wir möchten Sie an dieser Stelle auch ausdrücklich darauf hinweisen, dass laut abgeschlossenen Betreuungsvertrag in Fällen des Zahlungsverzuges uns ein außerordentliches Kündigungsrecht zusteht.

Weiterhin möchten wir Sie darauf hinweisen, dass durch die Einleitung rechtlicher Schritte weitere Kosten entstehen, die Sie zu tragen haben.

Gerne möchten wir Ihnen diese Unannehmlichkeiten ersparen und mit Ihnen gemeinsam eine Lösung finden. Aus diesem Grund bitten wir Sie, im Falle von Zahlungsschwierigkeiten sich mit uns schnellstmöglich in Verbindung zu setzen.

Auf dieses Schreiben wird eine Mahngebühr in Höhe von 2,50 EUR erhoben.

Bei Rückfragen stehen wir Ihnen gerne zur Verfügung.

Mit freundlichen Grüßen

....

Unterschrift der Leitung

Muster einer Ratenzahlungsvereinbarung

Zwischen

Frau/Herrn
....

      (Name, Vorname)   – nachfolgend »Schuldner« genannt –

Frau/Herrn
....

      (Name, Vorname)   – nachfolgend »Schuldner« genannt –

wohnhaft:
....

und

....

(Name des Trägers)   – nachfolgend »Gläubiger« genannt –

Der Gläubiger hat für bereits erbrachte Leistungen aus dem Betreuungsvertrag für .... (Name des Kindes) gegenüber
den Schuldnern eine Forderung in Höhe von insgesamt .... EUR.

Die Schuldner erkennen die Forderung hiermit an und verzichtet auf Ein-
wendungen jeglicher Art hinsichtlich des Grundes und der Höhe der Forderung.

Die Parteien vereinbaren zur Begleichung der fälligen Forderungen folgende Zahlungsregelung:

Die erste Ratenzahlung erfolgt zum .... (Datum einfügen)
in Höhe von .... **EUR.**

Ab dem .... (Datum einfügen) sind .... Monatsraten
zu je .... **EUR** zur Zahlung fällig.

Bitte Zutreffendes ankreuzen:

die Raten werden durch die Gläubigerin jeweils zum 1. eines Monats, be-
ginnend mit dem .... (Datum) per SEPA-Mandat eingezogen.

die Raten sind durch die Schuldner per Dauerauftrag zu den o.g. Fristen
an das nebenstehende Konto zu überweisen.

die Raten sind durch die Schuldner bar der Einrichtung zu den o.g. Fristen
einzuzahlen.

Kommen die Schuldner mit zwei aufeinander folgenden Raten in Verzug,
so ist die Ratenzahlungsvereinbarung hinfällig. Die dann noch offen-
stehende Gesamtforderung ist in diesem Falle sofort in vollem Umfang
zur Zahlung fällig. Wird kein Zahlungseingang des Gesamtbetrages ver-

zeichnet, wird die Zahlung ohne weitere Ankündigung gerichtlich geltend gemacht.

Ort, Datum ....

....

Gläubiger   Schuldner/in Schuldner/in

Muster einer Kündigung wegen der Nichtzahlung von Elternbeiträgen

(Name und Anschrift der Vertragspartner. Bei mehreren Vertragspartnern mit unterschiedlichen Anschriften ist die Kündigung stets an beide zu adressieren).

per Einwurf-Einschreiben

Ort, Datum

Kündigung des Betreuungsvertrages für Ihr Kind (Name des Kindes) vom XX.XX.XXXX

Sehr geehrte Frau <Namen einfügen>,
sehr geehrter Herr <Namen einfügen>,

trotz mehrfacher Mahnungen ist die Forderung aus dem zwischen uns bestehenden Betreuungsvertrag für Ihr Kind <bitte hier Name des Kindes einfügen> in Höhe von <bitte einfügen> EUR Ihrerseits nicht beglichen worden.

Aus diesem Grund kündigen wir hiermit den mit Ihnen geschlossenen Betreuungsvertrag außerordentlich zum <Datum eintragen>, hilfsweise zum nächstmöglichen Zeitpunkt. Wir machen Sie darauf aufmerksam, dass wir die Forderung nunmehr unabhängig von dem Bestehen des Vertrages gerichtlich geltend machen werden.

Hochachtungsvoll

Unterschrift

Tipp

Bei einer Kündigung sollte die vertretungsberechtigte Person des Trägers unterzeichnen. Bei einer gGmbH ist dies die Geschäftsführung, bei einem e.V. ist es stets der Vorstand. Sofern die Leitung berechtigt ist, derartige Kündigung selbst auszusprechen, sollte eine Vollmacht für den Ausspruch der Kündigung zu dem Kündigungsschreiben hinzugefügt werden. Andernfalls besteht die Gefahr, dass die Kündigung gemäß § 174 BGB zurückgewiesen wird.

Muster einer Einwilligungserklärung zur Veröffentlichung von Foto- und Videomaterial

Liebe Mitarbeiterinnen und Mitarbeiter,

um die Außendarstellung unseres Trägers weiter zu optimieren, sehen wir es als geboten an, unsere Mitarbeiterinnen und Mitarbeiter auf der Internetseite namentlich und mit Lichtbild vorzustellen. In Zeiten des Fachkräftemangels werden wir in der Unternehmenskommunikation in Zukunft noch stärker auf das Internet, soziale Medien/Netzwerke zurückgreifen, um auch über diese Kanäle neue Mitarbeiterinnen und Mitarbeiter zu rekrutieren. Hierfür brauchen wir Ihre Mitwirkung. Wir möchten Sie gerne bitten, uns eine Einwilligung für die Verwendung von Foto- und Videomaterial von Ihnen zu erteilen, soweit diese Fotos oder Videos von uns im Zusammenhang mit ihrer Tätigkeit für unseren Träger erstellt worden sind.

Unsere Internetseiten werden auch von Suchmaschinen gefunden, so dass Sie davon ausgehen müssen, dass Ihr Name und Ihr Foto auch über Suchmaschinen recherchiert werden.

Ihre Einwilligung ist selbstverständlich freiwillig und Sie können sie jederzeit mit Wirkung für die Zukunft ganz oder teilweise widerrufen. Wenn Sie die Einwilligung nicht erteilen möchten, wird dies keinerlei Konsequenzen im Zusammenhang mit Ihrem Beschäftigungsverhältnis haben. Im Falle eines Widerrufs werden wir die Fotos und den Namen unverzüglich von unserer Internetseite entfernen.

Den Widerruf richten Sie bitte schriftlich an:

(Anschrift des Trägers)

....

Einwilligungserklärung

Vorname: ....

Nachname: ....

Einrichtung: ....

( ) Ja, ich bin damit einverstanden, dass mein Foto und mein Name auf der Internetseite des Trägers veröffentlicht wird.

( ) Ja, ich bin damit einverstanden, dass mein Foto ohne meinen Namen auf der Internetseite des Trägers veröffentlicht wird.

( ) Ja, ich bin damit einverstanden, dass vom Arbeitgeber erstellte Filmaufnahmen von mir in Videos im Internet oder anderen Medien (z.B. DVD) verwendet werden. Dies beinhaltet auch die Bereitstellung in Videoportalen im Internet wie z.B. YouTube.

Ort, Datum ....

....

Mitarbeiter/in

Einwilligungserklärung der Sorgeberechtigten zur Veröffentlichung und Verbreitung von Foto-, Film- und/oder Tonaufnahmen

Name des/der Sorgeberechtigten:

Name des Kindes (abgebildete Person):

Anschrift:

Kindertageseinrichtung:

Hiermit willige/n ich/wir in die Veröffentlichung und Verbreitung der im Zusammenhang mit dem Besuch o.g. Kindes in der o.g. Einrichtung bzw. auf Ausflügen und Festen entstandenen Foto-, Film- und Tonaufnahmen für folgende Zwecke ein:

interne Verwendung

○ zur pädagogischen Dokumentation in der Einrichtung (Portfolio, Wanddokumentation, digitale Dokumentation).

externe Verwendung

○ auf den Internetseiten des Trägers

○ in geschlossenen Gruppen in sozialen Netzwerken

○ auf YouTube oder vergleichbaren Portalen im Internet

○ in Printmedien

Die Foto-, Film- und Tonaufnahmen können für vorstehende Zwecke vervielfältigt, digitalisiert, bearbeitet und mit anderen Aufnahmen oder Werken verbunden werden.

Diese Einwilligung erfolgt freiwillig und kann jederzeit für die Zukunft widerrufen werden. Der Widerruf bedarf der Schriftform. Sofern Sie keine Einwilligungserklärung erteilen, hat dies keinerlei Auswirkungen auf das bestehende Betreuungsverhältnis.

Ort, Datum ....

....

Unterschrift Sorgeberechtige/r   Unterschrift Sorgeberechtigte/r

Muster einer Dienstanweisung zur Nutzung von digitalen Medien

Dienstanweisung zur Nutzung privater Mobiltelefone am Arbeitsplatz, zur Nutzung von sozialen Netzwerken sowie Messenger-Diensten

- Das Mitbringen privater Mobiltelefone zur Arbeitsstelle ist grundsätzlich erlaubt.
- Es ist während der Arbeitszeit jedoch nicht gestattet, sich mit dem privaten Mobiltelefon in das Funknetz einzuwählen, das Gerät also empfangsbereit zu schalten.
- Privatgespräche mit dem Mobiltelefon dürfen während der Arbeitszeit nicht geführt werden. In Notfällen besteht die Möglichkeit der Erreichbarkeit über das Einrichtungstelefon.
- Darüber hinaus sind in öffentlich zugänglichen Foren und Netzwerken (z.B. Facebook) oder sonstigen Plattformen (z.B. YouTube) im Internet jegliche Wort-, Bild- und Filmbeiträge mit betriebsbezogenen Informationen ohne vorherige Zustimmung des Trägers vollständig untersagt.
- Die Kommunikation über Messenger-Dienste wie beispielsweise Whatsapp und Viber mit Eltern ist untersagt, auch in den Fällen, in denen die Eltern diese Art von Kommunikation ausdrücklich wünschen.
- Die Kommunikation mit Kolleginnen und Kollegen sowie Vorgesetzen über Messenger-Dienste ersetzt keinesfalls den offiziellen Weg, insbesondere haben hierüber keine Krankmeldungen oder vergleichbare wichtige Informationen zu erfolgen.
- Ein Verstoß gegen diese Anweisung wird als arbeitsvertragliche Pflichtverletzung bewertet und kann arbeitsrechtliche Konsequenzen zur Folge haben.

Mit Ihrer Unterschrift bestätigen Sie, die oben genannten Regelungen zur Kenntnis genommen zu haben.

Name der Mitarbeiterin/des Mitarbeiters:

Einrichtung:

Ort, Datum ....

....

Mitarbeiter/in

Muster einer Einladung zum Bewerbungsgespräch mit dem Hinweis auf den Ausschluss der Fahrtkosten

(Anschrift des Bewerbers)

Ort, Datum

Einladung zum Vorstellungsgespräch

Sehr geehrte(r) Frau/Herr (Name),

vielen Dank für Ihre Bewerbung vom XX.XX.XXXX und Ihr Interesse an einer Tätigkeit in unserem Kindergarten.

Ihre Bewerbung hat uns sehr gut gefallen und wir würden Sie gerne persönlich kennenlernen. Aus diesem Grund laden wir Sie herzlich zu einem Vorstellungsgespräch ein.

Das Vorstellungsgespräch findet am/(Datum) um (Uhrzeit) in (Anschrift) statt. Falls Sie diesen Termin nicht wahrnehmen können, setzen Sie sich bitte mit uns telefonisch unter (Telefonnummer) in Verbindung und vereinbaren einen anderen Termin.

Wir bitten Sie um Verständnis, dass die mit dem Vorstellungsgespräch verbundenen Kosten der Anreise nicht erstattet werden.

Sollten Sie Fragen haben, können Sie uns gerne kontaktieren.

Wir freuen uns auf Sie.

Mit freundlichen Grüßen

....

Unterschrift der Leitung

Muster einer Absage nach einer Initiativbewerbung

(Anschrift des Bewerbers)

Ort, Datum

Ihre Bewerbung

Sehr geehrte(r) Frau/Herr ....,

wir beziehen uns auf Ihre Bewerbung vom XX.XX.XXXX als .... und bedanken uns hiermit für Ihr Interesse an einer Mitarbeit in unserem Hause.

Ihre Bewerbung hat einen guten Eindruck hinterlassen. Gleichwohl haben wir augenblicklich keinen Bedarf an weiteren Neueinstellungen in dem von Ihnen gewünschten Bereich.

Wir reichen Ihnen deshalb in der Anlage Ihre Bewerbungsunterlagen zurück und wünschen Ihnen für Ihren weiteren Berufs- und Lebensweg gleichwohl alles Gute und viel Erfolg.

Bei elektronischer Bewerbung empfiehlt sich folgende Alternative:

Wir haben Ihre elektronischen Bewerbungsunterlagen gelöscht und wünschen Ihnen für Ihren weiteren Berufs- und Lebensweg gleichwohl alles Gute und viel Erfolg.

Mit freundlichen Grüßen

....

Unterschrift der Leitung

Muster eines Absageschreibens für eine ausgeschriebene Stelle

(Anschrift des Bewerbers)

Ort, Datum

Ihre Bewerbung auf die ausgeschriebene Stelle als ....,

Sehr geehrte(r) Frau/Herr ....,

wir beziehen uns auf Ihre Bewerbung vom XX.XX.XXXX als .... und bedanken uns hiermit für Ihr Interesse an einer Mitarbeit in unserem Hause.

Nach sorgfältiger Prüfung Ihrer Bewerbungsunterlagen müssen wir Ihnen leider mitteilen, dass wir uns nicht für Sie entschieden haben. Wir bedauern sehr, dass wir Ihnen keine günstigere Nachricht geben können.

Anliegend erhalten Sie Ihre Bewerbungsunterlagen zurück.

Bei elektronischen Bewerbungen empfiehlt sich folgende Alternative:

Ihre elektronischen Bewerbungsunterlagen haben wir gelöscht.

Für Ihren weiteren Berufs- und Lebensweg wünschen wir Ihnen gleichwohl alles Gute und viel Erfolg.

Mit freundlichen Grüßen

....

Unterschrift der Leitung

Muster einer Absage nach einem Vorstellungsgespräch

(Anschrift des Bewerbers)

Ort, Datum

Ihre Bewerbung

Sehr geehrte(r) Frau/Herr ....,

wir beziehen uns auf Ihre Bewerbung vom XX.XX.XXXX als .... und bedanken uns hiermit nochmals für Ihr Interesse an einer Mitarbeit in unserem Hause.

Sie haben sich in unserem Auswahlverfahren vorgestellt und wir durften Sie dabei näher kennenlernen. Leider müssen wir Ihnen mitteilen, dass wir uns für einen anderen Bewerber entschieden haben.

Wir reichen Ihnen deshalb in der Anlage Ihre Bewerbungsunterlagen zurück und danken Ihnen ausdrücklich für das mit Ihnen geführte Bewerbungsgespräch.

Bei elektronischer Bewerbung empfiehlt sich folgende Alternative:

Deshalb haben wir Ihre elektronischen Bewerbungsunterlagen gelöscht und danken Ihnen ausdrücklich für das mit Ihnen geführte Bewerbungsgespräch.

Wir wünschen Ihnen für Ihren weiteren Berufs- und Lebensweg gleichwohl alles Gute und viel Erfolg.

Mit freundlichen Grüßen

....

Unterschrift der Leitung

Muster einer Abmahnung wegen Zuspätkommens zum Dienst

Empfänger

Vor- und Nachname der Angestellten

Ort, Datum

per persönlicher Übergabe

Abmahnung

Sehr geehrter Frau ....,

laut Arbeitsvertrag ist Ihr Dienstbeginn in der KW 32 wochentags von montags bis freitags 7:00 Uhr. Am Dienstag, 16. August 2017 sind Sie nicht um 7:00 Uhr zum Dienst erschienen, sondern erst um 9:00 Uhr. Sie kamen damit zwei Stunden zu spät zum Dienst.

Damit haben Sie Ihre arbeitsvertraglichen Pflichten erheblich verletzt.

Wir mahnen Sie hiermit ausdrücklich ab und fordern Sie auf, zukünftig pünktlich zur Arbeit zu erscheinen. Sollten Sie noch einmal zu spät zur Arbeit erscheinen, müssen Sie mit weiteren arbeitsrechtlichen Konsequenzen bis hin zum Ausspruch einer, gegebenenfalls fristlosen, Kündigung rechnen.

Eine Durchschrift der Abmahnung werden wir zu Ihrer Personalakte nehmen. Bestätigen Sie bitte den Erhalt Ihrer Abmahnung durch Ihre Unterschrift.

Mit freundlichen Grüßen

Unterschrift

Empfangsbestätigung

Ich, ..., bestätige hiermit den Erhalt der Abmahnung.

Ort und Datum   Unterschrift der Mitarbeiterin

Muster einer Abmahnung wegen Nichtbeachtung des Alkoholverbotes am Arbeitsplatz

Empfänger

Vor- und Nachname des Mitarbeiters

Ort, Datum

per persönlicher Übergabe

Abmahnung

Sehr geehrter Herr ....,

zu unserem Bedauern mussten wir feststellen, dass Sie gegen das Alkoholverbot am Arbeitsplatz, geregelt in der Handlungsanweisung vom XX.XX. XXXX, verstoßen haben, in dem Sie während der Arbeitszeit am XX.XX. XXXX gegen XX Uhr mehrere Gläser Sekt zu sich genommen haben

Hiermit fordere ich Sie ausdrücklich auf, das oben geschilderte Verhalten zukünftig zu unterlassen, Ihre Pflichten aus dem Arbeitsverhältnis ordnungsgemäß zu erfüllen und das bestehende Alkoholverbot am Arbeitsplatz stets zu beachten.

Im Falle einer Wiederholung des in dieser Abmahnung gerügten Verhaltens müssen Sie mit einer Kündigung des Arbeitsverhältnisses rechnen.

Eine Durchschrift werden wir zu Ihrer Personalakte nehmen. Bestätigen Sie bitte den Erhalt Ihrer Abmahnung durch Ihre Unterschrift.

Mit freundlichen Grüßen

Unterschrift

....

Empfangsbestätigung

Ich, ..., bestätige hiermit den Erhalt der Abmahnung.

....

Ort und Datum   Unterschrift der Mitarbeiterin

Beispiele für die Formulierung von Arbeitszeugnissen:

Note 1

Fachwissen:

• Er verfügt über ein äußerst umfassendes und hervorragendes Fachwissen, das er zur Bewältigung seiner Aufgaben stets sehr sicher und erfolgreich einsetzte.
• Herr Muster verfügt über ein äußerst umfassendes und sehr fundiertes Fachwissen, das er jederzeit hervorragend in die Praxis umzusetzen wusste. Er nahm zudem mit großem Erfolg an zahlreichen Fortbildungen teil.

Leistungsbereitschaft:

• Herr Muster hat sich innerhalb kürzester Zeit in den ihm gestellten Aufgabenbereich eingearbeitet. Er verfolgte die vereinbarten Ziele nachhaltig und mit höchstem Erfolg.
• Herr Muster war ein stets äußerst motivierter Mitarbeiter. Schwierige Aufgaben ging er mit großem Elan an und fand dabei immer sinnvolle und praktikable Lösungen.

Arbeitsqualität:

• Seine Arbeitsergebnisse waren, auch bei wechselnden Anforderungen und unter sehr schwierigen Bedingungen, stets von sehr guter Qualität.
• Er beeindruckte stets durch qualitativ und quantitativ hervorragende Ergebnisse.

Leistungsfähigkeit:

• Dabei war er auch höchstem Zeitdruck und Arbeitsaufwand stets gewachsen.
• Auch in Situationen mit extrem hohem Arbeitsanfall erwies sich Herr Muster als sehr belastbarer Mitarbeiter und ging jederzeit überlegt, ruhig und zielorientiert vor.

Soziales Verhalten:

• Sein Verhalten gegenüber Vorgesetzten, Kollegen und Externen war stets hervorragend.
• Von Vorgesetzten, Kollegen und Kunden wurde er gleichermaßen geschätzt. Er verhielt sich jederzeit loyal gegenüber dem Unternehmen und überzeugte durch seine persönliche Integrität. Sein Verhalten war immer vorbildlich. Im Kontakt mit Kunden zeichnete Herr Muster sich durch äußerst professionelles Auftreten aus.

Gesamturteil:

- Herr Muster hat die ihm übertragenen Aufgaben stets zu unserer vollsten Zufriedenheit erledigt.
- Herr Muster hat seine Aufgaben stets zu unserer vollsten Zufriedenheit erledigt und unseren Erwartungen in jeder Hinsicht optimal entsprochen.

Abschiedsformel:

- Wir danken Herrn Muster für die stets hervorragende Zusammenarbeit und bedauern es sehr, ihn als Mitarbeiter zu verlieren.
- Für seinen weiteren Berufs- und Lebensweg wünschen wir ihm alles Gute und auch weiterhin viel Erfolg.

Note 2

Fachwissen:

- Er verfügt über ein umfassendes und gutes Fachwissen, das er zur Bewältigung seiner Aufgaben sehr sicher und erfolgreich einsetzte.
- Mit seinem umfangreichen und fundierten Fachwissen erzielte er stets gute Erfolge.

Leistungsbereitschaft:

- Herr Muster hat sich innerhalb kurzer Zeit in den ihm gestellten Aufgabenbereich eingearbeitet. Er verfolgte die vereinbarten Ziele nachhaltig und erfolgreich.
- Herr Muster war ein stets motivierter Mitarbeiter. Schwierige Aufgaben ging er mit Elan an und fand dabei sinnvolle und praktikable Lösungen.

Arbeitsqualität:

- Er lieferte stets qualitativ und quantitativ gute Ergebnisse.
- Seine Arbeitsergebnisse waren, auch bei wechselnden Anforderungen und unter sehr schwierigen Bedingungen, stets guter Qualität.

Leistungsfähigkeit:

- Auch bei sehr hohem Arbeitsanfall erwies sich Herr Muster als belastbarer Mitarbeiter und ging überlegt, ruhig und zielorientiert vor.
- Herr Muster zeichnete sich auch in extremen Stresssituationen durch hohe Belastbarkeit und Zielorientierung aus.

Soziales Verhalten:

- Sein Verhalten gegenüber Vorgesetzten, Kollegen und Externen war stets einwandfrei.

- Gegenüber Vorgesetzten, Mitarbeitern und Kunden verhielt Herr Muster sich stets einwandfrei. Er trug zu einer guten und effizienten Teamarbeit bei.

Gesamturteil:

- Herr Muster hat seine Aufgaben stets zu unserer vollen Zufriedenheit erledigt und unseren Erwartungen in jeder Hinsicht gut entsprochen.
- Herr Muster hat unsere Erwartungen stets gut erfüllt. Wir waren mit seinen Leistungen jederzeit zufrieden.

Abschiedsformel:

- Wir danken Herrn Muster für seine wertvolle Mitarbeit und bedauern es, ihn als Mitarbeiter zu verlieren.
- Für seinen weiteren Berufs- und Lebensweg wünschen wir ihm alles Gute und auch weiterhin viel Erfolg.

Note 3

Fachwissen:

- Er verfügt über ein solides Fachwissen, das er zur Bewältigung seiner Aufgaben erfolgreich einsetzte.
- Er wendete sein Fachwissen mit Erfolg in seinem Arbeitsgebiet an.

Leistungsbereitschaft:

- Herr Muster hat sich engagiert in den ihm gestellten Aufgabenbereich eingearbeitet und verfolgte die vereinbarten Ziele nachhaltig.
- Herr Muster war motiviert und zeigte auch bei schwierigen Aufgaben Initiative und Engagement.

Arbeitsqualität:

- Die Qualität seiner Arbeitsergebnisse erfüllte in vollem Umfang die an ihn gestellten Anforderungen.
- Seine Arbeitsergebnisse waren von guter Qualität.

Leistungsfähigkeit:

- Dabei war er auch hohem Zeitdruck und Arbeitsaufwand gewachsen.
- Auch bei hohem Arbeitsanfall erwies sich Herr Muster als belastbarer Mitarbeiter.

Soziales Verhalten:

- Sein Verhalten gegenüber Vorgesetzten, Kollegen und Externen war einwandfrei.

- Sein Verhalten gegenüber Vorgesetzten, Kollegen und Externen war stets korrekt.

Gesamturteil:

- Herr Muster hat die ihm übertragenen Aufgaben zu unserer vollen Zufriedenheit erledigt.
- Herr Muster hat unseren Erwartungen voll entsprochen.

Abschiedsformel:

- Wir danken Herrn Muster für die erbrachte Leistung und wünschen ihm für die Zukunft weiterhin alles Gute.

Formulierungen für Austrittsgründe:

Aufhebungsvertrag:

Herr Muster verlässt unser Unternehmen im gegenseitigen Einvernehmen.

Kündigung durch Arbeitnehmer:

Herr Muster verlässt unser Unternehmen auf eigenen Wunsch.

Kündigung durch Arbeitgeber:

Herr Muster verlässt unser Unternehmen zum XX.XX.XXXX.

Betriebsbedingte Kündigung:

Das Arbeitsverhältnis endet aus betriebsbedingten Gründen zum XX.XX. XXXX.

Frist:

Herr Muster verlässt unser Unternehmen nach Ablauf der vereinbarten Frist.

Muster eines sehr guten Arbeitszeugnisses für die Tätigkeit einer Erzieherin

Arbeitszeugnis

Frau Lisa Muster, geboren am 14.04.1980 in Musterstadt, wurde am 01.10.2012 als Erzieherin in unserer Einrichtung »Musterkita« eingestellt und war bis zum 30.09.2017 bei uns beschäftigt.

Die Einrichtung »Musterkita« wurde im Jahr 2010 eröffnet. Insgesamt sind in der Einrichtung 14 Erzieher/innen tätig. In der Einrichtung werden zwischen 50 und 60 Kinder in altersgemischten Gruppen betreut. Kinder werden ab 5 Monaten aufgenommen. Als Ganztagseinrichtung bietet die Einrichtung den Kindern täglich ein Frühstück, ein warmes Mittagessen sowie eine Vesper aus der hauseigenen Küche. Der Schwerpunkt der Einrichtung liegt in der Musikpädagogik. Im Rahmen dieses Schwerpunktes werden den Kinder unterschiedliche Aktivitäten während der Betreuungszeit angeboten.

Im Rahmen ihrer Tätigkeit als Erzieherin wurde Frau Muster im Krippenbereich eingesetzt.

Hierbei übernahm Frau Muster die pädagogische Gruppenarbeit, die Beobachtung, Beaufsichtigung und Betreuung der Kinder. Hierzu zählten auch die systematische Verhaltensbeobachtung, die Durchführung von Eingewöhnungen, das Durchführung von frühpädagogischen Maßnahmen und Aktivitäten wie beispielsweise musikalischen Bewegungsspielen, Tänzen und Basteln.

Ferner organisierte Frau Muster die Zusammenarbeit mit Musikschulen und anderen Institutionen. Sie führte während ihrer Tätigkeiten Elterngespräche durch und war an der Organisation von Veranstaltungen in unserer Einrichtung stets beteiligt. Darüber hinaus war sie an der Weiterentwicklung der Hausordnung und der Einrichtungskonzeption beteiligt.

Frau Muster verfügt über äußerst fundierte Fachkenntnisse, die sie umsichtig und zielgerichtet während ihrer Tätigkeit angewandt hat.

Auch in schwierigen Situationen, insbesondere bei Personalnotstand, war Frau Muster sehr gut belastbar und handelte immer ruhig und überlegt. Ihre Arbeitsweise war stets geprägt durch eine hohe Zielorientierung und Systematik.

Frau Muster zeigte stets eine sehr hohe Einsatzbereitschaft während ihrer Tätigkeit.

Frau Muster erzielte große Erfolge bei der Eingewöhnung und Betreuung von verhaltensauffälligen Kindern.

Frau Muster konnte während der Dauer der Beschäftigung ihre sehr guten pädagogischen Fähigkeiten noch weiter vertiefen. Die Kinder und deren Eltern begeisterte Sie durch ihr ausgeprägtes Einfühlungsvermögen und ihr Engagement.

Wir waren stets mit ihrer Arbeitsleistung außerordentlich zufrieden.

Ihr persönliches Verhalten genügte jederzeit unseren sehr hohen Ansprüchen. Von Vorgesetzten, Kolleginnen und Eltern wurde sie gleichermaßen geschätzt. Sie verhielt sich jederzeit loyal gegenüber dem Träger.

Das Arbeitsverhältnis wird auf Wunsch von Frau Muster zum XX.XX. XXXX beendet.

Wir bedauern ihr Ausscheiden wirklich sehr und danken ihr stets für ihr weit überdurchschnittliches Engagement. Für ihren weiteren Berufs- und Lebensweg wünschen wir ihr alles Gute und auch weiterhin viel Erfolg.

Musterstadt, 30.09.2017

....

Unterschrift Kindergartenleitung

Tipp

Das Zeugnis muss auf einem Geschäftsbogen ausgestellt sein. Das Arbeitszeugnis ist der Arbeitnehmerin spätestens am letzten Arbeitstag auszuhändigen oder ihr auf ihren Wunsch hin zuzusenden. Zum Verschicken des Arbeitszeugnisses sollte ein DIN-A4-Umschlag verwendet werden. Hierbei ist darauf zu achten, dass das Adressfeld der Arbeitnehmerin nicht auf dem Arbeitszeugnis zu finden ist, sondern in einem separaten Anschreiben. Die Abfassung eines Arbeitszeugnisses in elektronischer Form ist ausdrücklich ausgeschlossen. Von der äußeren Form muss das Zeugnis zudem sauber und ordentlich aussehen. Es darf insbesondere keine Flecken, Radierungen, Verbesserungen, Durchstreichungen etc. aufweisen. Rechtschreibfehler sollten in jedem Fall vermieden werden.

Muster eines Mietminderungsschreibens

Absenderadresse

Anschrift Vermieter

per Einwurfeinschreiben

Ort, Datum

Mietminderung, Adresse des Mietobjektes, ggfls. Mietvertragsnummer:

Sehr geehrte Damen, sehr geehrte Herren,

hiermit weisen wir darauf hin, dass bei o.g. Mietobjekt seit dem (Datum einfügen) folgender Mangel aufgetreten ist:

(detaillierte Mängelbeschreibung mit Benennung der genauen Örtlichkeiten)

Von Rechts wegen sind Sie als Vermieter zur Instandhaltung der Mietsache verpflichtet. Wir fordern Sie hiermit auf, den zuvor beschriebenen Mangel unverzüglich, spätestens bis zum XX.XX.XXXX zu beseitigen.

Die Tauglichkeit unserer Einrichtung zum vertragsgemäßen Gebrauch ist durch den genannten Mangel erheblich beeinträchtigt, so dass ein Minderungsrecht unsererseits besteht, welches wir hiermit ausüben. Bis zur Beseitigung des Mangels werden wir die Miete um (Betrag einfügen) EUR mindern und den entsprechenden Betrag einbehalten.

Mit freundlichen Grüßen

....

Unterschrift des Mieters

Muster eines Untermietvertrages über die Überlassung von Räumlichkeiten

Untermietvertrag

zwischen

(Bezeichnung des Hauptmieters)

– nachfolgend »Untervermieterin und Mieterin« genannt –

und

(müsste bitte eingefügt werden)

– nachfolgend »Nutzerin« genannt –

– beide gemeinsam »die Parteien« genannt-

Präambel

Zwischen der Untervermieterin und Mieterin und Herrn Eigentümer, Straße, PLZ Stadt, besteht seit dem xx.xx.xxxx ein Gewerberaummietvertrag über die Anmietung Kindertageseinrichtung unter der Anschrift xxx. Die Untervermieterin und Mieterin beabsichtigt, an die Nutzerin Teile des Mietobjektes unterzuvermieten. Die Zustimmung des Eigentümers zu der beabsichtigten Untervermietung der Räumlichkeiten liegt vor. Dies vorausgeschickt schließen die Parteien die nachfolgende Vereinbarung.

§ 1 Vertragsgegenstand

(1) Die Untervermieterin vermietet in ihrer Eigenschaft als zur Untervermietung berechtigte Hauptmieterin an die Untermieterin in dem Gebäude unter der Anschrift XXX folgende Räumlichkeiten: (näher beschreiben).

(2) Die Untermieterin wird in den Räumlichkeiten an den folgenden Wochentagen (bitte einfügen) in der Zeit von xx bis xx Yogakurse durchführen. Eine über diesen Zeitraum hinausgehende Nutzung der Räumlichkeiten ist ausgeschlossen. Eine Änderung der Nutzung ist nur mit schriftlicher Zustimmung der Untervermieterin (dieses Vertrages) zulässig.

(3) Die Untermieterin übernimmt die Räumlichkeiten wie sie stehen und liegen, ohne dass die Untervermieterin Gewähr für Größe, Güte und Beschaffenheit der Räumlichkeiten übernimmt. Über den genauen Zustand des Mietobjektes wird bei der Übergabe nach Besichtigung durch die Untermieterin ein Protokoll aufgenommen, in dem der Zustand des Mietobjektes noch einmal festgestellt wird.

Das Mietobjekt ist dem Untervermieter nach Beendigung des Untermietverhältnisses besenrein, leergeräumt und mit allen Schlüsseln zu übergeben.

Ist im Protokoll nichts Gegenteiliges vermerkt, erkennt die Untermieterin den Zustand des Mietgegenstandes als vertragsgemäß, bezugsfähig und unbeschädigt und für ihre betrieblichen Zwecke uneingeschränkt geeignet an.

(4) Die Übergabe der Räumlichkeiten ist für den xx.xx.xxxx vorgesehen. Der Anspruch der Untermieterin auf Übergabe des Mietobjektes entsteht jedoch erst nach Leistung der Mietsicherheit gemäß § 4 dieses Vertrages.

§ 2 Beginn und Dauer der Untermiete

(1) Das Untermietverhältnis beginnt am xx.xx.xxxx und endet am xx.xx. xxxx (Festmietzeit).

(2) Die Untervermieterin ist außer in den gesetzlichen Fällen auch zur fristlosen Kündigung berechtigt, wenn die Untermieterin mit der Zahlung des Untermietzinses für zwei oder mehr Monate in Verzug gerät oder wiederholt unpünktlich zahlt, die Mieträume nicht gemäß zweckwidrig nutzt, nicht für eine dauernde Versicherungsdeckung gem. § 10 sorgt, das Mietobjekt oder Teile davon unbefugt an Dritte überlässt.

(3) Das Untermietverhältnis endet in jedem Fall mit der Beendigung des Haupt-mietverhältnisses.

(4) Bei Beendigung des Untermietverhältnisses, egal aus welchem Grund, hat die Untermieterin keinen Anspruch auf Schadenersatz. Dies gilt nicht, wenn die Beendigung des Untermietvertrages auf einer Beendigung des Hauptmietvertrages beruht, die die Untervermieterin bewirkt oder zu vertreten hat.

(5) Setzt die Untermieterin die Nutzung nach Vertragsende fort, so wird hierdurch das bisherige Untermietverhältnis nicht stillschweigend verlängert. § 545 BGB wird hiermit ausdrücklich abbedungen.

§ 3 Untermietzins und Nebenkosten

(1) Der Untermietzins beträgt ab dem xx.xx.xxxx monatlich xx EUR. Die Verbrauchskosten für Strom, Wasser etc. sind in diesem Betrag als Pauschale enthalten. Eine separate Abrechnung hierüber erfolgt nicht.

Der Betrag ist bis spätestens zum 3. Werktag jeden Monats, kostenfrei an die Untervermieterin auf deren Konto xxx zu zahlen.

(2) Im Falle verspäteter Zahlung ist die Untervermieterin berechtigt, Mahnkosten in Höhe von 5,00 EUR und Verzugszinsen in Höhe von acht

Prozentpunkten über dem jeweiligen Basiszinssatz gemäß § 247 BGB zu erheben. Die Geltendmachung eines weitergehenden Schadens behält sich die Untervermieterin ausdrücklich vor.

§ 4 Mietsicherheit

(1) Die Untermieterin leistet als Sicherheit für alle Verpflichtungen aus dem Untermietverhältnis unverzüglich nach Unterzeichnung dieses Vertrages der Untervermieterin eine unwiderrufliche, unbefristete und selbstschuldnerische Bankbürgschaft oder eine Kautionszahlung. Die Höhe der Mietkaution beträgt xxx EUR.

(2) Die Untervermieterin ist berechtigt, sich aus dieser Mietsicherheit wegen ihrer Ansprüche aufgrund dieses Vertrages zu befriedigen, wenn die Untermieterin ihren Verpflichtungen nicht, unvollständig oder nicht rechtzeitig nachkommt.

(3) Die Mietsicherheit ist nach Beendigung des Untermietverhältnisses herauszugeben, sobald und soweit festgestellt ist, dass die Untervermieterin gegen die Untermieterin keine Ansprüche mehr hat. Im Übrigen ist die Mietsicherheit, sollte sie von der Untervermieterin während der Mietzeit in Anspruch genommen werden, von der Untermieterin unverzüglich wieder auf den ursprünglichen Betrag aufzufüllen. Verwertet die Untervermieterin die Mietsicherheit, ist sie befugt, diese nach ihrem Ermessen auf die Forderungen gegen die Untermieterin zu verrechnen.

§ 5 Schäden

Für Schäden im und am Gebäude sowie an Inneneinrichtung und technischer Ausstattung der Anbieterin, die durch TeilnehmerInnen der Veranstaltung verursacht werden, haftet die Untermieterin in vollem Umfang. Sofern die Untermieterin vor Veranstaltungsbeginn nicht vorhandene Schäden oder sonstige Mängel an den genutzten Räumen und deren Ausstattung schriftlich anzeigt, erkennt sie den ordnungsgemäßen Zustand der Räume und deren Ausstattung zum Zeitpunkt des Nutzungsbeginns an. Die Untermieterin stellt ausdrücklich die Untervermieterin von allen Haftpflichtansprüchen Dritter frei. Die Untermieterin verpflichtet sich, den ursprünglichen Zustand des Nutzungsgegenstandes nach jeder Nutzungseinheit wiederherzustellen. Sie sorgt insbesondere dafür, dass die Beleuchtung abgestellt wird, Einrichtungsgegenstände wie übergeben wieder bereitgestellt werden und der Nutzungsgegenstand insgesamt besenrein verlassen wird. Es muss gewährleistet sein, dass die Untervermieterin den überlassenen Raum bzw. die überlassenen Räume ohne zusätzlichen Aufwand wieder nutzen kann. Im Fall der Zuwiderhandlung behält sich die Untervermieterin das Recht vor, die Wiederherstellung auf Kosten der Untermieterin in Auftrag zu geben. Die Nutzerin ist verpflichtet, die Anbieterin über etwaige Schäden, die während der Nutzungszeit auftreten, unverzüglich schriftlich zu informieren.

§ 6 Versicherung

Die Untermieterin verpflichtet sich, eine ausreichende Haftpflichtversicherung für die Nutzung der Räumlichkeiten abzuschließen.

§ 7 Sonstige Raumnutzungsbedingungen

Die vollständige Einhaltung der Hausordnung der Untervermieterin sowie der Brandschutzbestimmungen für das Gebäude werden von der Untermieterin zugesichert. Dies beinhaltet unter anderem die Beachtung des Rauchverbotes, das Freihalten von Fluchtwegen sowie ggf. das Wiederherstellen der ursprünglichen Möblierungsanordnung.

§ 8 Sonstige Bestimmungen

Mündliche Nebenabreden zu dieser Vereinbarung sind nicht getroffen. Änderungen oder Ergänzungen dieser Vereinbarung bedürfen zu ihrer Wirksamkeit der Schriftform. Dies gilt auch für die Aufhebung des vorstehenden Schriftformerfordernisses. Auch eine langandauernde abweichende Übung hat keine Änderung der betreffenden vertraglichen Vereinbarung zur Folge.

Ort, den ....

....

(Untervermieterin)   (Untermieterin)

Muster einer fristlosen Kündigung eines Dienstleistungsvertrages

Name des Kündigenden
Adresse des Kündigenden

Name des zu Kündigenden
Adresse des zu Kündigenden

per Einwurf-Einschreiben

Ort, Datum

Fristlose Kündigung des Reinigungsvertrages vom XX.XX.XXXX

Sehr geehrte Damen, sehr geehrte Herren,

hiermit kündigen wir das mit Ihnen bestehende Vertragsverhältnis, geschlossen am [Datum Vertragsbeginn], fristlos und aus wichtigem Grund, hilfsweise ordentlich zum nächst zulässigen Zeitpunkt. Wir sehen uns dazu gezwungen, diesen Schritt zu gehen, weil eine weitere Zusammenarbeit für uns nicht mehr tragbar ist.

Wir dürfen Sie bitten, uns eine Kündigungsbestätigung auszustellen.

Mit freundlichen Grüßen

....

Unterschrift

Tipp

Eine Benennung von Gründen für den Ausspruch der außerordentlichen Kündigung ist aus rechtlicher Sicht im Kündigungsschreiben nicht notwendig.

Übersicht von unzulässigen Fragen im Bewerbungsgespräch

Schwangerschaft

Die Frage des Arbeitgebers nach der Schwangerschaft einer Bewerberin ist eine unzulässige Diskriminierung aufgrund des Geschlechts. Hier hat der Arbeitgeber kein rechtlich legitimiertes Interesse daran, diese Information einzuholen.

Glauben und politische Überzeugung

Grundsätzlich darf der Arbeitgeber niemals nach der Religion oder der politischen Überzeugung eines Bewerbers fragen. Hier dürfen unwahre Angaben gemacht werden. Ausnahmen ergeben sich jedoch bei konfessionellen Trägern von Kindertageseinrichtungen. Ein kirchlicher Träger hat ein berechtigtes Interesse daran, dass sich die Konfession des zukünftigen Arbeitnehmers mit der eigenen deckt.

Behinderung und Gesundheitszustand

Die Frage nach einer möglichen Behinderung ist nur dann zulässig, wenn der Arbeitgeber aufgrund der besonderen Anforderungen des Jobs berechtigte Zweifel an der Eignung des Bewerbers hat. Ansonsten ist eine solche Frage unzulässig.

Allgemeine Fragen zum Gesundheitszustand muss der Bewerber ebenfalls nicht beantworten. Fragen nach konkreten Krankheiten, insbesondere nach Infektionskrankheiten, sind jedoch zulässig. Gleiches gilt für Fragen hinsichtlich einer Suchterkrankung sofern es sich um die Einstellung von pädagogischem Personal handelt, welches auch mit der Betreuung von Kindern betraut werden soll.

Vermögensverhältnisse

Nur bei Stellenausschreibungen für Führungskräfte muss dem Arbeitgeber ein Einblick in die privaten Vermögensverhältnisse gewährt werden. Hier besteht besonderes und auch berechtigtes Interesse an einer wahrheitsgemäßen Beantwortung der Frage.

Vorstrafen

Sollte der Arbeitgeber nach einer Vorstrafe fragen, darf er das nur, wenn die Vorstrafe für den entsprechenden Arbeitsplatz relevant ist. Bei pädagogischem Personal hat der Arbeitgeber berechtigtes Interesse daran zu erfahren, ob gegen den Bewerber ein Ermittlungsverfahren wegen sexuellen Missbrauchs von Minderjährigen läuft. Im Rahmen des Einstellungsprozesses wird der Arbeitgeber ohnehin aufgrund seiner gesetzlichen Verpflichtung sich ein aktuelles Führungszeugnis vorlegen lassen.

Herkunft

Fragen nach der ethnischen Herkunft sind generell unzulässig. Das AGG verbietet eine Diskriminierung aufgrund der ethnischen Herkunft. Auch sollte eine Frage nach der Muttersprache nicht gestellt werden, hier wäre alternativ die Nachfrage hinsichtlich der jeweiligen Sprachkenntnisse unbedenklich.

Informationen zum Praktikum und Mindestlohn

Mit dem gesetzlichen Mindestlohn, der ab dem 1. Januar 2015 in Kraft getreten ist, haben auch Praktikanten unter bestimmten Voraussetzungen einen Anspruch auf Zahlung eines Mindestlohns. Diese sind wie folgt:

Das Praktikum dauert länger als drei Monate

Der Mindestlohn ist nur dann zu zahlen, wenn das Praktikum länger als drei Monate dauert. Damit wird berücksichtigt, dass ein Praktikant in der Regel nicht sofort einen Beitrag zum wirtschaftlichen Erfolg leisten kann.

Es handelt sich um ein freiwilliges Praktikum

Handelt es sich um ein Pflichtpraktikum steht den Praktikanten kein Anspruch auf Mindestlohn zu, unabhängig von der Dauer des Praktikums. Ein Pflichtpraktikum liegt nur vor, wenn es explizit als solches in der Schul-, Studien- oder Ausbildungsordnung ausgewiesen ist.

Der Praktikant ist über 18 Jahre alt (oder unter 18 Jahre mit einer bereits abgeschlossenen Berufsausbildung).

Sofern diese drei Voraussetzungen **gleichzeitig** vorliegen, besteht ein Anspruch des Praktikanten auf Zahlung des Mindestlohns. Praktikanten, die einen Anspruch auf Mindestlohn haben, haben ebenfalls einen Anspruch auf den Abschluss eines schriftlichen Praktikantenvertrages. Langzeitarbeitslose, die die oben genannten Voraussetzungen erfüllen, und in den ersten Arbeitsmarkt integriert werden sollen, haben erst einen Anspruch auf Mindestlohn nach den ersten sechs Monaten ihres Praktikumsverhältnisses.

Mindestlohn im Praktikum – ein Überblick

Art des Praktikums	Anspruch auf Zahlung des Mindestlohns
Pflichtpraktikum (unabhängig von der Dauer)	nein
Freiwilliges Praktikum bis zu drei Monaten	nein
Pflichtpraktikum, dann Verlängerung durch freiwilliges Praktikum bis zu drei Monaten (Voraussetzung: neuer Vertrag nach dem Pflichtpraktikum)	nein
Freiwilliges Praktikum länger als drei Monate (während des Studiums oder zur Orientierung) und Praktikant ist über 18 Jahre	ja (ab dem 1. Arbeitstag)
Freiwillige Praktika, die nach drei Monaten verlängert werden (Voraussetzung: neuer Vertrag nach Ablauf der drei Monate)	ja (ab dem 1. Arbeitstag im vierten Monat)

28 Übersicht der Unterschiede zwischen einem Zwischen- und einem Endzeugnis

Die Überschrift

• Die Überschrift muss beim Zwischenzeugnis anders lauten als bei einem Endzeugnis.

Die Zeitform

• Neben der Überschrift Zwischenzeugnis ist die Zeitform einer der wesentlichen Unterschiede zum Endzeugnis. Im Großen und Ganzen müssen die Zeugnisaussagen im Präsens formuliert sein.
• Die Zeitform betrifft sowohl den Einleitungssatz als auch die einzelnen Leistungsbewertungen, natürlich auch die »zusammenfassender Leistungsbeurteilung« sowie die Beurteilung des Sozialverhaltens.

Die Schlussformel

• In der Schlussformel besteht die Möglichkeit, den Grund für die Erstellung des Zwischenzeugnisses anzugeben (bspw. auf Wunsch des Arbeitnehmers etc.).

- Weiterhin entfallen in einem Zwischenzeugnis die Wünsche für die private und berufliche Zukunft.
- Eine Schlussformel könnte wie folgt lauten: Dieses Zwischenzeugnis wurde auf Wunsch von Frau X erstellt. Wir bedanken uns bei Frau X für ihre bisherige stets gute Arbeit und freuen uns auf die weiterhin erfolgreiche Zusammenarbeit.«.

Grundsätzlich notwendiger Inhalt:

- Die vollständige Bezeichnung des Arbeitgebers (Name der Firma, Anschrift der Firma) muss enthalten sein.
- Das Ausstellungsdatum.
- Name, Vorname, Geburtsdatum und Geburtsort der Arbeitnehmerin.
- Der Beginn der Arbeitsaufnahme.
- Eine genaue Beschreibung der Tätigkeit der Arbeitnehmerin.
- Eine Bewertung der Leistungen

Zu beachten ist, dass ein Zwischenzeugnis keine abgespeckte Version eines Zeugnisses darstellt. Hinsichtlich der Beurteilung der Leistung ergeben sich mit Ausnahme der Zeitform keine Unterschiede.

Anhang

Verweis auf die einschlägigen Gesetzestexte

1. Das Bürgerliche Gesetzbuch (BGB)

Mietrechtliche Vorschriften

§ 536 BGB Mietminderung bei Sach- und Rechtsmängeln

(1) Hat die Mietsache zur Zeit der Überlassung an den Mieter einen Mangel, der ihre Tauglichkeit zum vertragsgemäßen Gebrauch aufhebt, oder entsteht während der Mietzeit ein solcher Mangel, so ist der Mieter für die Zeit, in der die Tauglichkeit aufgehoben ist, von der Entrichtung der Miete befreit. Für die Zeit, während der die Tauglichkeit gemindert ist, hat er nur eine angemessen herabgesetzte Miete zu entrichten. Eine unerhebliche Minderung der Tauglichkeit bleibt außer Betracht.

(1a) Für die Dauer von drei Monaten bleibt eine Minderung der Tauglichkeit außer Betracht, soweit diese auf Grund einer Maßnahme eintritt, die einer energetischen Modernisierung nach § 555b Nummer 1 dient.

(2) Absatz 1 Satz 1 und 2 gilt auch, wenn eine zugesicherte Eigenschaft fehlt oder später wegfällt.

(3) Wird dem Mieter der vertragsgemäße Gebrauch der Mietsache durch das Recht eines Dritten ganz oder zum Teil entzogen, so gelten die Absätze 1 und 2 entsprechend.

(4) Bei einem Mietverhältnis über Wohnraum ist eine zum Nachteil des Mieters abweichende Vereinbarung unwirksam.

Dienstvertragliche und auftragsrechtliche Vorschriften

§ 612 BGB Vergütung

(1) Eine Vergütung gilt als stillschweigend vereinbart, wenn die Dienstleistung den Umständen nach nur gegen eine Vergütung zu erwarten ist.

(2) Ist die Höhe der Vergütung nicht bestimmt, so ist bei dem Bestehen einer Taxe die taxmäßige Vergütung, in Ermangelung einer Taxe die übliche Vergütung als vereinbart anzusehen.

(3) (weggefallen).

§ 616 BGB vorübergehende Verhinderung

Der zur Dienstleistung Verpflichtete wird des Anspruchs auf die Vergütung nicht dadurch verlustig, dass er für eine verhältnismäßig nicht erhebliche Zeit durch einen in seiner Person liegenden Grund ohne sein Verschulden an der Dienstleistung verhindert wird. Er muss sich jedoch den Betrag anrechnen lassen, welcher ihm für die Zeit der Verhinderung aus einer auf Grund gesetzlicher Verpflichtung bestehenden Kranken- oder Unfallversicherung zukommt.

§ 622 BGB Kündigungsfristen bei Arbeitsverhältnissen

(1) Das Arbeitsverhältnis eines Arbeiters oder eines Angestellten (Arbeitnehmers) kann mit einer Frist von vier Wochen zum Fünfzehnten oder zum Ende eines Kalendermonats gekündigt werden.

(2) Für eine Kündigung durch den Arbeitgeber beträgt die Kündigungsfrist, wenn das Arbeitsverhältnis in dem Betrieb oder Unternehmen

1. zwei Jahre bestanden hat, einen Monat zum Ende eines Kalendermonats,
2. fünf Jahre bestanden hat, zwei Monate zum Ende eines Kalendermonats,
3. acht Jahre bestanden hat, drei Monate zum Ende eines Kalendermonats,
4. zehn Jahre bestanden hat, vier Monate zum Ende eines Kalendermonats,
5. zwölf Jahre bestanden hat, fünf Monate zum Ende eines Kalendermonats,
6. 15 Jahre bestanden hat, sechs Monate zum Ende eines Kalendermonats,
7. 20 Jahre bestanden hat, sieben Monate zum Ende eines Kalendermonats.

Bei der Berechnung der Beschäftigungsdauer werden Zeiten, die vor der Vollendung des 25. Lebensjahrs des Arbeitnehmers liegen, nicht berücksichtigt.

(3) Während einer vereinbarten Probezeit, längstens für die Dauer von sechs Monaten, kann das Arbeitsverhältnis mit einer Frist von zwei Wochen gekündigt werden.

(4) Von den Absätzen 1 bis 3 abweichende Regelungen können durch Tarifvertrag vereinbart werden. Im Geltungsbereich eines solchen Tarifvertrags gelten die abweichenden tarifvertraglichen Bestimmungen zwischen nicht tarifgebundenen Arbeitgebern und Arbeitnehmern, wenn ihre Anwendung zwischen ihnen vereinbart ist.

(5) Einzelvertraglich kann eine kürzere als die in Absatz 1 genannte Kündigungsfrist nur vereinbart werden,

1. wenn ein Arbeitnehmer zur vorübergehenden Aushilfe eingestellt ist; dies gilt nicht, wenn das Arbeitsverhältnis über die Zeit von drei Monaten hinaus fortgesetzt wird;
2. wenn der Arbeitgeber in der Regel nicht mehr als 20 Arbeitnehmer ausschließlich der zu ihrer Berufsbildung Beschäftigten beschäftigt und die Kündigungsfrist vier Wochen nicht unterschreitet.

Bei der Feststellung der Zahl der beschäftigten Arbeitnehmer sind teilzeitbeschäftigte Arbeitnehmer mit einer regelmäßigen wöchentlichen Arbeitszeit von nicht mehr als 20 Stunden mit 0,5 und nicht mehr als 30 Stunden mit 0,75 zu berücksichtigen. Die einzelvertragliche Vereinbarung längerer als der in den Absätzen 1 bis 3 genannten Kündigungsfristen bleibt hiervon unberührt.

(6) Für die Kündigung des Arbeitsverhältnisses durch den Arbeitnehmer darf keine längere Frist vereinbart werden als für die Kündigung durch den Arbeitgeber.

§ 626 BGB Fristlose Kündigung aus wichtigem Grund

(1) Das Dienstverhältnis kann von jedem Vertragteil aus wichtigem Grund ohne Einhaltung einer Kündigungsfrist gekündigt werden, wenn Tatsachen vorliegen, auf Grund derer dem Kündigenden unter Berücksichtigung aller Umstände des Einzelfalles und unter Abwägung der Interessen beider Vertragteile die Fortsetzung des Dienstverhältnisses bis zum Ablauf der Kündigungsfrist oder bis zu der vereinbarten Beendigung des Dienstverhältnisses nicht zugemutet werden kann.

(2) Die Kündigung kann nur innerhalb von zwei Wochen erfolgen. Die Frist beginnt mit dem Zeitpunkt, in dem der Kündigungsberechtigte von den für die Kündigung maßgebenden Tatsachen Kenntnis erlangt. Der Kündigende muss dem anderen Teil auf Verlangen den Kündigungsgrund unverzüglich schriftlich mitteilen.

§ 670 BGB Ersatz von Aufwendungen

Macht der Beauftragte zum Zwecke der Ausführung des Auftrags Aufwendungen, die er den Umständen nach für erforderlich halten darf, so ist der Auftraggeber zum Ersatz verpflichtet.

Deliktische Vorschriften

§ 823 BGB Schadensersatzpflicht

(1) Wer vorsätzlich oder fahrlässig das Leben, den Körper, die Gesundheit, die Freiheit, das Eigentum oder ein sonstiges Recht eines anderen widerrechtlich verletzt, ist dem anderen zum Ersatz des daraus entstehenden Schadens verpflichtet.

(2) Die gleiche Verpflichtung trifft denjenigen, welcher gegen ein den Schutz eines anderen bezweckendes Gesetz verstößt. Ist nach dem Inhalt des Gesetzes ein Verstoß gegen dieses auch ohne Verschulden möglich, so tritt die Ersatzpflicht nur im Falle des Verschuldens ein.

Ansprüche aus dem Eigentum

§ 1004 BGB Beseitigungs- und Unterlassungsanspruch

(1) Wird das Eigentum in anderer Weise als durch Entziehung oder Vorenthaltung des Besitzes beeinträchtigt, so kann der Eigentümer von dem Störer die Beseitigung der Beeinträchtigung verlangen. Sind weitere Beeinträchtigungen zu besorgen, so kann der Eigentümer auf Unterlassung klagen.

(2) Der Anspruch ist ausgeschlossen, wenn der Eigentümer zur Duldung verpflichtet ist.

Familienrechtliche Vorschriften

§ 1627 BGB Ausübung der elterlichen Sorge

Die Eltern haben die elterliche Sorge in eigener Verantwortung und in gegenseitigem Einvernehmen zum Wohl des Kindes auszuüben. Bei Meinungsverschiedenheiten müssen sie versuchen, sich zu einigen.

§ 1631 Inhalt und Grenzen der Personensorge

(1) Die Personensorge umfasst insbesondere die Pflicht und das Recht, das Kind zu pflegen, zu erziehen, zu beaufsichtigen und seinen Aufenthalt zu bestimmen.

(2) Kinder haben ein Recht auf gewaltfreie Erziehung. Körperliche Bestrafungen, seelische Verletzungen und andere entwürdigende Maßnahmen sind unzulässig.

(3) Das Familiengericht hat die Eltern auf Antrag bei der Ausübung der Personensorge in geeigneten Fällen zu unterstützen.

§ 1687 BGB Ausübung der gemeinsamen Sorge bei Getrenntleben

(1) Leben Eltern, denen die elterliche Sorge gemeinsam zusteht, nicht nur vorübergehend getrennt, so ist bei Entscheidungen in Angelegenheiten, deren Regelung für das Kind von erheblicher Bedeutung ist, ihr gegenseitiges Einvernehmen erforderlich. Der Elternteil, bei dem sich das Kind mit Einwilligung des anderen Elternteils oder auf Grund einer gerichtlichen Entscheidung gewöhnlich aufhält, hat die Befugnis zur alleinigen Entscheidung in Angelegenheiten des täglichen Lebens. Entscheidungen in Angelegenheiten des täglichen Lebens sind in der Regel solche, die häufig vorkommen und die keine schwer abzuändernden Auswirkungen auf die Entwicklung des Kindes haben. Solange sich das Kind mit Einwilligung dieses Elternteils oder auf Grund einer gerichtlichen Entscheidung bei dem anderen Elternteil aufhält, hat dieser die Befugnis zur alleinigen Entscheidung in Angelegenheiten der tatsächlichen Betreuung. § 1629 Abs. 1 Satz 4 und § 1684 Abs. 2 Satz 1 gelten entsprechend.

(2) Das Familiengericht kann die Befugnisse nach Absatz 1 Satz 2 und 4 einschränken oder ausschließen, wenn dies zum Wohl des Kindes erforderlich ist.

2. Sozialgesetzbuch (SGB VII) – Siebtes Buch – Gesetzliche Unfallversicherung

§ 104 SGB VII Beschränkung der Haftung der Unternehmer

(1) Unternehmer sind den Versicherten, die für ihre Unternehmen tätig sind oder zu ihren Unternehmen in einer sonstigen die Versicherung begründenden Beziehung stehen, sowie deren Angehörigen und Hinterbliebenen nach anderen gesetzlichen Vorschriften zum Ersatz des Personenschadens, den ein Versicherungsfall verursacht hat, nur verpflichtet, wenn sie den Versicherungsfall vorsätzlich oder auf einem nach § 8 Abs. 2 Nr. 1 bis 4 versicherten Weg herbeigeführt haben. 2Ein Forderungsübergang nach § 116 des Zehnten Buches findet nicht statt.

(2) Absatz 1 gilt entsprechend für Personen, die als Leibesfrucht durch einen Versicherungsfall im Sinne des § 12 geschädigt worden sind.

(3) Die nach Absatz 1 oder 2 verbleibenden Ersatzansprüche vermindern sich um die Leistungen, die Berechtigte nach Gesetz oder Satzung infolge des Versicherungsfalls erhalten.

§ 105 SGB VII Beschränkung der Haftung anderer im Betrieb tätiger Personen

(1) Personen, die durch eine betriebliche Tätigkeit einen Versicherungsfall von Versicherten desselben Betriebs verursachen, sind diesen sowie deren Angehörigen und Hinterbliebenen nach anderen gesetzlichen Vorschriften zum Ersatz des Personenschadens nur verpflichtet, wenn sie den Versicherungsfall vorsätzlich oder auf einem nach § 8 Abs. 2 Nr. 1 bis 4 versicherten Weg herbeigeführt haben. Satz 1 gilt entsprechend bei der Schädigung von Personen, die für denselben Betrieb tätig und nach § 4 Abs. 1 Nr. 1 versicherungsfrei sind. § 104 Abs. 1 Satz 2, Abs. 2 und 3 gilt entsprechend.

(2) Absatz 1 gilt entsprechend, wenn nicht versicherte Unternehmer geschädigt worden sind. Soweit nach Satz 1 eine Haftung ausgeschlossen ist, werden die Unternehmer wie Versicherte, die einen Versicherungsfall erlitten haben, behandelt, es sei denn, eine Ersatzpflicht des Schädigers gegenüber dem Unternehmer ist zivilrechtlich ausgeschlossen. Für die Berechnung von Geldleistungen gilt der Mindestjahresarbeitsverdienst als Jahresarbeitsverdienst. Geldleistungen werden jedoch nur bis zur Höhe eines zivilrechtlichen Schadenersatzanspruchs erbracht.

3. Sozialgesetzbuch (SGB) – Achtes Buch (VIII) – Kinder- und Jugendhilfe

§ 5 Wunsch- und Wahlrecht

(1) Die Leistungsberechtigten haben das Recht, zwischen Einrichtungen und Diensten verschiedener Träger zu wählen und Wünsche hinsichtlich der Gestaltung der Hilfe zu äußern. Sie sind auf dieses Recht hinzuweisen.

(2) Der Wahl und den Wünschen soll entsprochen werden, sofern dies nicht mit unverhältnismäßigen Mehrkosten verbunden ist. Wünscht der Leistungsberechtigte die Erbringung einer in § 78a genannten Leistung in einer Einrichtung, mit deren Träger keine Vereinbarungen nach § 78b bestehen, so soll der Wahl nur entsprochen werden, wenn die Erbringung der Leistung in dieser Einrichtung im Einzelfall oder nach Maßgabe des Hilfeplans (§ 36) geboten ist.

§ 8 SGB VIII Beteiligung von Kindern und Jugendlichen

(1) Kinder und Jugendliche sind entsprechend ihrem Entwicklungsstand an allen sie betreffenden Entscheidungen der öffentlichen Jugendhilfe zu

beteiligen. Sie sind in geeigneter Weise auf ihre Rechte im Verwaltungs-
verfahren sowie im Verfahren vor dem Familiengericht und dem Ver-
waltungsgericht hinzuweisen.

(2) Kinder und Jugendliche haben das Recht, sich in allen Angelegenheiten
der Erziehung und Entwicklung an das Jugendamt zu wenden.

(3) Kinder und Jugendliche haben Anspruch auf Beratung ohne Kenntnis
des Personensorgeberechtigten, wenn die Beratung auf Grund einer Not-
und Konfliktlage erforderlich ist und solange durch die Mitteilung an den
Personensorgeberechtigten der Beratungszweck vereitelt würde. § 36 des
Ersten Buches bleibt unberührt.

§ 8a SGB VIII Schutzauftrag bei Kindeswohlgefährdung

(1) Werden dem Jugendamt gewichtige Anhaltspunkte für die Gefährdung
des Wohls eines Kindes oder Jugendlichen bekannt, so hat es das Ge-
fährdungsrisiko im Zusammenwirken mehrerer Fachkräfte einzuschätzen.
Soweit der wirksame Schutz dieses Kindes oder dieses Jugendlichen nicht
in Frage gestellt wird, hat das Jugendamt die Erziehungsberechtigten sowie
das Kind oder den Jugendlichen in die Gefährdungseinschätzung einzu-
beziehen und, sofern dies nach fachlicher Einschätzung erforderlich ist,
sich dabei einen unmittelbaren Eindruck von dem Kind und von seiner
persönlichen Umgebung zu verschaffen. Hält das Jugendamt zur Abwendung der Gefährdung die Gewährung von Hilfen für geeignet und
notwendig, so hat es diese den Erziehungsberechtigten anzubieten.

(2) Hält das Jugendamt das Tätigwerden des Familiengerichts für erforderlich, so hat es das Gericht anzurufen; dies gilt auch, wenn die Erziehungsberechtigten nicht bereit oder in der Lage sind, bei der Abschätzung des
Gefährdungsrisikos mitzuwirken. Besteht eine dringende Gefahr und
kann die Entscheidung des Gerichts nicht abgewartet werden, so ist das
Jugendamt verpflichtet, das Kind oder den Jugendlichen in Obhut zu nehmen.

(3) Soweit zur Abwendung der Gefährdung das Tätigwerden anderer
Leistungsträger, der Einrichtungen der Gesundheitshilfe oder der Polizei notwendig ist, hat das Jugendamt auf die Inanspruchnahme durch die
Erziehungsberechtigten hinzuwirken. Ist ein sofortiges Tätigwerden erforderlich und wirken die Personensorgeberechtigten oder die Erziehungsberechtigten nicht mit, so schaltet das Jugendamt die anderen zur Abwendung der Gefährdung zuständigen Stellen selbst ein.

(4) In Vereinbarungen mit den Trägern von Einrichtungen und Diensten,

die Leistungen nach diesem Buch erbringen, ist sicherzustellen, dass

1. deren Fachkräfte bei Bekanntwerden gewichtiger Anhaltspunkte für die Gefährdung eines von ihnen betreuten Kindes oder Jugendlichen eine Gefährdungseinschätzung vornehmen,
2. bei der Gefährdungseinschätzung eine insoweit erfahrene Fachkraft beratend hinzugezogen wird sowie
3. die Erziehungsberechtigten sowie das Kind oder der Jugendliche in die Gefährdungseinschätzung einbezogen werden, soweit hierdurch der wirksame Schutz des Kindes oder Jugendlichen nicht in Frage gestellt wird.

In die Vereinbarung ist neben den Kriterien für die Qualifikation der beratend hinzuzuziehenden insoweit erfahrenen Fachkraft insbesondere die Verpflichtung aufzunehmen, dass die Fachkräfte der Träger bei den Erziehungsberechtigten auf die Inanspruchnahme von Hilfen hinwirken, wenn sie diese für erforderlich halten, und das Jugendamt informieren, falls die Gefährdung nicht anders abgewendet werden kann.

(5) Werden einem örtlichen Träger gewichtige Anhaltspunkte für die Gefährdung des Wohls eines Kindes oder eines Jugendlichen bekannt, so sind dem für die Gewährung von Leistungen zuständigen örtlichen Träger die Daten mitzuteilen, deren Kenntnis zur Wahrnehmung des Schutzauftrags bei Kindeswohlgefährdung nach § 8a erforderlich ist. Die Mitteilung soll im Rahmen eines Gespräches zwischen den Fachkräften der beiden örtlichen Träger erfolgen, an dem die Personensorgeberechtigten sowie das Kind oder der Jugendliche beteiligt werden sollen, soweit hierdurch der wirksame Schutz des Kindes oder des Jugendlichen nicht in Frage gestellt wird.

§ 22 SGB VIII Grundsätze der Förderung

(1) Tageseinrichtungen sind Einrichtungen, in denen sich Kinder für einen Teil des Tages oder ganztägig aufhalten und in Gruppen gefördert werden. Kindertagespflege wird von einer geeigneten Tagespflegeperson in ihrem Haushalt oder im Haushalt des Personensorgeberechtigten geleistet. Das Nähere über die Abgrenzung von Tageseinrichtungen und Kindertagespflege regelt das Landesrecht. Es kann auch regeln, dass Kindertagespflege in anderen geeigneten Räumen geleistet wird.

(2) Tageseinrichtungen für Kinder und Kindertagespflege sollen

1. die Entwicklung des Kindes zu einer eigenverantwortlichen und gemeinschaftsfähigen Persönlichkeit fördern,
2. die Erziehung und Bildung in der Familie unterstützen und ergänzen,

3. den Eltern dabei helfen, Erwerbstätigkeit und Kindererziehung besser miteinander vereinbaren zu können.

(3) Der Förderungsauftrag umfasst Erziehung, Bildung und Betreuung des Kindes und bezieht sich auf die soziale, emotionale, körperliche und geistige Entwicklung des Kindes. Er schließt die Vermittlung orientierender Werte und Regeln ein. Die Förderung soll sich am Alter und Entwicklungsstand, den sprachlichen und sonstigen Fähigkeiten, der Lebenssituation sowie den Interessen und Bedürfnissen des einzelnen Kindes orientieren und seine ethnische Herkunft berücksichtigen.

§ 24 SGB VIII Anspruch auf Förderung in Tageseinrichtungen und in Kindertagespflege

(1) Ein Kind, das das erste Lebensjahr noch nicht vollendet hat, ist in einer Einrichtung oder in Kindertagespflege zu fördern, wenn

1. diese Leistung für seine Entwicklung zu einer eigenverantwortlichen und gemeinschaftsfähigen Persönlichkeit geboten ist oder
2. die Erziehungsberechtigten
   a) einer Erwerbstätigkeit nachgehen, eine Erwerbstätigkeit aufnehmen oder Arbeit suchend sind,
   b) sich in einer beruflichen Bildungsmaßnahme, in der Schulausbildung oder Hochschulausbildung befinden oder
   c) Leistungen zur Eingliederung in Arbeit im Sinne des Zweiten Buches erhalten.

Lebt das Kind nur mit einem Erziehungsberechtigten zusammen, so tritt diese Person an die Stelle der Erziehungsberechtigten. Der Umfang der täglichen Förderung richtet sich nach dem individuellen Bedarf.

(2) Ein Kind, das das erste Lebensjahr vollendet hat, hat bis zur Vollendung des dritten Lebensjahres Anspruch auf frühkindliche Förderung in einer Tageseinrichtung oder in Kindertagespflege. Absatz 1 Satz 3 gilt entsprechend.

(3) Ein Kind, das das dritte Lebensjahr vollendet hat, hat bis zum Schuleintritt Anspruch auf Förderung in einer Tageseinrichtung. Die Träger der öffentlichen Jugendhilfe haben darauf hinzuwirken, dass für diese Altersgruppe ein bedarfsgerechtes Angebot an Ganztagsplätzen zur Verfügung steht. Das Kind kann bei besonderem Bedarf oder ergänzend auch in Kindertagespflege gefördert werden.

(4) Für Kinder im schulpflichtigen Alter ist ein bedarfsgerechtes Angebot in Tageseinrichtungen vorzuhalten. Absatz 1 Satz 3 und Absatz 3 Satz 3 gelten entsprechend.

(5) Die Träger der öffentlichen Jugendhilfe oder die von ihnen beauftragten Stellen sind verpflichtet, Eltern oder Elternteile, die Leistungen nach den Absätzen 1 bis 4 in Anspruch nehmen wollen, über das Platzangebot im örtlichen Einzugsbereich und die pädagogische Konzeption der Einrichtungen zu informieren und sie bei der Auswahl zu beraten. Landesrecht kann bestimmen, dass die erziehungsberechtigten Personen den zuständigen Träger der öffentlichen Jugendhilfe oder die beauftragte Stelle innerhalb einer bestimmten Frist vor der beabsichtigten Inanspruchnahme der Leistung in Kenntnis setzen.

(6) Weitergehendes Landesrecht bleibt unberührt.

§ 64 SGB VIII Datenübermittlung und -nutzung

(1) Sozialdaten dürfen zu dem Zweck übermittelt oder genutzt werden, zu dem sie erhoben worden sind.

(2) Eine Übermittlung für die Erfüllung von Aufgaben nach § 69 des Zehnten Buches ist abweichend von Absatz 1 nur zulässig, soweit dadurch der Erfolg einer zu gewährenden Leistung nicht in Frage gestellt wird.

(2a) Vor einer Übermittlung an eine Fachkraft, die der verantwortlichen Stelle nicht angehört, sind die Sozialdaten zu anonymisieren oder zu pseudonymisieren, soweit die Aufgabenerfüllung dies zulässt.

(3) Sozialdaten dürfen beim Träger der öffentlichen Jugendhilfe zum Zwecke der Planung im Sinne des § 80 gespeichert oder genutzt werden; sie sind unverzüglich zu anonymisieren.

4. Zehntes Buch Sozialgesetzbuch – Sozialverwaltungsverfahren und Sozialdatenschutz

§ 69 SGB X Übermittlung für die Erfüllung sozialer Aufgaben

(1) Eine Übermittlung von Sozialdaten ist zulässig, soweit sie erforderlich ist

1. für die Erfüllung der Zwecke, für die sie erhoben worden sind oder für die Erfüllung einer gesetzlichen Aufgabe der übermittelnden Stelle nach diesem Gesetzbuch oder einer solchen Aufgabe des Dritten, an den die Daten übermittelt werden, wenn er eine in § 35 des Ersten Buches genannte Stelle ist,

2. für die Durchführung eines mit der Erfüllung einer Aufgabe nach Nummer 1 zusammenhängenden gerichtlichen Verfahrens einschließlich eines Strafverfahrens oder

3. für die Richtigstellung unwahrer Tatsachenbehauptungen des Betroffenen im Zusammenhang mit einem Verfahren über die Erbringung von Sozialleistungen; die Übermittlung bedarf der vorherigen Genehmigung durch die zuständige oberste Bundes- oder Landesbehörde.

(2) Für die Erfüllung einer gesetzlichen oder sich aus einem Tarifvertrag ergebenden Aufgabe sind den in § 35 des Ersten Buches genannten Stellen gleichgestellt

1. die Stellen, die Leistungen nach dem Lastenausgleichsgesetz, dem Bundesentschädigungsgesetz, dem Strafrechtlichen Rehabilitierungsgesetz, dem Beruflichen Rehabilitierungsgesetz, dem Gesetz über die Entschädigung für Strafverfolgungsmaßnahmen, dem Unterhaltssicherungsgesetz, dem Beamtenversorgungsgesetz und den Vorschriften, die auf das Beamtenversorgungsgesetz verweisen, dem Soldatenversorgungsgesetz, dem Anspruchs- und Anwartschaftsüberführungsgesetz und den Vorschriften der Länder über die Gewährung von Blinden- und Pflegegeldleistungen zu erbringen haben,

2. die gemeinsamen Einrichtungen der Tarifvertragsparteien im Sinne des § 4 Abs. 2 des Tarifvertragsgesetzes, die Zusatzversorgungseinrichtungen des öffentlichen Dienstes und die öffentlich-rechtlichen Zusatzversorgungseinrichtungen,

3. die Bezügestellen des öffentlichen Dienstes, soweit sie kindergeldabhängige Leistungen des Besoldungs-, Versorgungs- und Tarifrechts unter Verwendung von personenbezogenen Kindergelddaten festzusetzen haben.

(3) Die Übermittlung von Sozialdaten durch die Bundesagentur für Arbeit an die Krankenkassen ist zulässig, soweit sie erforderlich ist, den Krankenkassen die Feststellung der Arbeitgeber zu ermöglichen, die am Ausgleich der Arbeitgeberaufwendungen nach dem Aufwendungsausgleichsgesetz teilnehmen.

(4) Die Krankenkassen sind befugt, einem Arbeitgeber mitzuteilen, ob die Fortdauer einer Arbeitsunfähigkeit oder eine erneute Arbeitsunfähigkeit eines Arbeitnehmers auf derselben Krankheit beruht; die Übermittlung von Diagnosedaten an den Arbeitgeber ist nicht zulässig.

(5) Die Übermittlung von Sozialdaten ist zulässig für die Erfüllung der gesetzlichen Aufgaben der Rechnungshöfe und der anderen Stellen, auf die § 67c Abs. 3 Satz 1 Anwendung findet.

5. Gesetz zur Verhütung und Bekämpfung von Infektionskrankheiten beim Menschen (Infektionsschutzgesetz IfSG)

§ 34 Gesundheitliche Anforderungen, Mitwirkungspflichten, Aufgaben des Gesundheitsamtes

(1) Personen, die an

1. Cholera
2. Diphtherie
3. Enteritis durch enterohämorrhagische E. coli (EHEC)
4. virusbedingtem hämorrhagischen Fieber
5. Haemophilus influenzae Typ b-Meningitis
6. Impetigo contagiosa (ansteckende Borkenflechte)
7. Keuchhusten
8. ansteckungsfähiger Lungentuberkulose
9. Masern
10. Meningokokken-Infektion
11. Mumps
12. Paratyphus
13. Pest
14. Poliomyelitis
14a. Röteln
15. Scharlach oder sonstigen Streptococcus pyogenes-Infektionen
16. Shigellose
17. Skabies (Krätze)
18. Typhus abdominalis
19. Virushepatitis A oder E
20. Windpocken

erkrankt oder dessen verdächtig oder die verlaust sind, dürfen in den in § 33 genannten Gemeinschaftseinrichtungen keine Lehr-, Erziehungs-, Pflege-, Aufsichts- oder sonstige Tätigkeiten ausüben, bei denen sie Kontakt zu den dort Betreuten haben, bis nach ärztlichem Urteil eine Weiterverbreitung der Krankheit oder der Verlausung durch sie nicht mehr zu befürchten ist. Satz 1 gilt entsprechend für die in der Gemeinschaftseinrichtung Betreuten mit der Maßgabe, dass sie die dem Betrieb der Gemeinschaftseinrichtung dienenden Räume nicht betreten, Einrichtungen der Gemeinschaftseinrichtung nicht benutzen und an Veranstaltungen der Gemeinschaftseinrichtung nicht teilnehmen dürfen. Satz 2 gilt auch für Kinder, die das 6. Lebensjahr noch nicht vollendet haben und an infektiöser Gastroenteritis erkrankt oder dessen verdächtig sind.

(2) Ausscheider von

1. Vibrio cholerae O 1 und O 139
2. Corynebacterium spp., Toxin bildend
3. Salmonella Typhi
4. Salmonella Paratyphi
5. Shigella sp.
6. enterohämorrhagischen E. coli (EHEC)

dürfen nur mit Zustimmung des Gesundheitsamtes und unter Beachtung der gegenüber dem Ausscheider und der Gemeinschaftseinrichtung verfügten Schutzmaßnahmen die dem Betrieb der Gemeinschaftseinrichtung dienenden Räume betreten, Einrichtungen der Gemeinschaftseinrichtung benutzen und an Veranstaltungen der Gemeinschaftseinrichtung teilnehmen.

(3) Absatz 1 Satz 1 und 2 gilt entsprechend für Personen, in deren Wohngemeinschaft nach ärztlichem Urteil eine Erkrankung an oder ein Verdacht auf

1. Cholera
2. Diphtherie
3. Enteritis durch enterohämorrhagische E. coli (EHEC)
4. virusbedingtem hämorrhagischem Fieber
5. Haemophilus influenzae Typ b-Meningitis
6. ansteckungsfähiger Lungentuberkulose
7. Masern
8. Meningokokken-Infektion
9. Mumps
10. Paratyphus
11. Pest
12. Poliomyelitis
12a. Röteln
13. Shigellose
14. Typhus abdominalis
15. Virushepatitis A oder E
16. Windpocken

aufgetreten ist.

(4) Wenn die nach den Absätzen 1 bis 3 verpflichteten Personen geschäftsunfähig oder in der Geschäftsfähigkeit beschränkt sind, so hat derjenige für die Einhaltung der diese Personen nach den Absätzen 1 bis 3 treffenden Verpflichtungen zu sorgen, dem die Sorge für diese Person zusteht. Die

gleiche Verpflichtung trifft den Betreuer einer von Verpflichtungen nach den Absätzen 1 bis 3 betroffenen Person, soweit die Erfüllung dieser Verpflichtungen zu seinem Aufgabenkreis gehört.

(5) Wenn einer der in den Absätzen 1 f.oder 3 genannten Tatbestände bei den in Absatz 1 genannten Personen auftritt, so haben diese Personen oder in den Fällen des Absatzes 4 der Sorgeinhaber der Gemeinschaftseinrichtung hiervon unverzüglich Mitteilung zu machen. Die Leitung der Gemeinschaftseinrichtung hat jede Person, die in der Gemeinschaftseinrichtung neu betreut wird, oder deren Sorgeberechtigte über die Pflichten nach Satz 1 zu belehren.

(6) Werden Tatsachen bekannt, die das Vorliegen einer der in den Absätzen 1 f.oder 3 aufgeführten Tatbestände annehmen lassen, so hat die Leitung der Gemeinschaftseinrichtung das Gesundheitsamt, in dessen Bezirk sich die Gemeinschaftseinrichtung befindet, unverzüglich zu benachrichtigen und krankheits- und personenbezogene Angaben zu machen. Dies gilt auch beim Auftreten von zwei oder mehr gleichartigen, schwerwiegenden Erkrankungen, wenn als deren Ursache Krankheitserreger anzunehmen sind. Eine Benachrichtigungspflicht besteht nicht, wenn der Leitung ein Nachweis darüber vorliegt, dass die Meldung des Sachverhalts nach § 6 bereits erfolgt ist.

(7) Die zuständige Behörde kann im Einvernehmen mit dem Gesundheitsamt für die in § 33 genannten Einrichtungen Ausnahmen von dem Verbot nach Absatz 1, auch in Verbindung mit Absatz 3, zulassen, wenn Maßnahmen durchgeführt werden oder wurden, mit denen eine Übertragung der aufgeführten Erkrankungen oder der Verlausung verhütet werden kann.

(8) Das Gesundheitsamt kann gegenüber der Leitung der Gemeinschaftseinrichtung anordnen, dass das Auftreten einer Erkrankung oder eines hierauf gerichteten Verdachtes ohne Hinweis auf die Person in der Gemeinschaftseinrichtung bekannt gegeben wird.

(9) Wenn in Gemeinschaftseinrichtungen betreute Personen Krankheitserreger so in oder an sich tragen, dass im Einzelfall die Gefahr einer Weiterverbreitung besteht, kann die zuständige Behörde die notwendigen Schutzmaßnahmen anordnen.

(10) Die Gesundheitsämter und die in § 33 genannten Gemeinschaftseinrichtungen sollen die betreuten Personen oder deren Sorgeberechtigte gemeinsam über die Bedeutung eines vollständigen, altersgemäßen, nach den Empfehlungen der Ständigen Impfkommission ausreichenden Impfschutzes und über die Prävention übertragbarer Krankheiten aufklären.

(10a) Bei der Erstaufnahme in eine Kindertageseinrichtung haben die Personensorgeberechtigten gegenüber dieser einen schriftlichen Nachweis darüber zu erbringen, dass zeitnah vor der Aufnahme eine ärztliche Beratung in Bezug auf einen vollständigen, altersgemäßen, nach den Empfehlungen der Ständigen Impfkommission ausreichenden Impfschutz des Kindes erfolgt ist. Wenn der Nachweis nicht erbracht wird, benachrichtigt die Leitung der Kindertageseinrichtung das Gesundheitsamt, in dessen Bezirk sich die Einrichtung befindet, und übermittelt dem Gesundheitsamt personenbezogene Angaben. Das Gesundheitsamt kann die Personensorgeberechtigten zu einer Beratung laden. Weitergehende landesrechtliche Regelungen bleiben unberührt.

(11) Bei Erstaufnahme in die erste Klasse einer allgemein bildenden Schule hat das Gesundheitsamt oder der von ihm beauftragte Arzt den Impfstatus zu erheben und die hierbei gewonnenen aggregierten und anonymisierten Daten über die oberste Landesgesundheitsbehörde dem Robert Koch-Institut zu übermitteln.

6. Gesetz zum Schutze der erwerbstätigen Mutter (Mutterschutzgesetz – MuSchG)

§ 7 MuSchG Freistellung für Untersuchungen und zum Stillen

(1) Der Arbeitgeber hat eine Frau für die Zeit freizustellen, die zur Durchführung der Untersuchungen im Rahmen der Leistungen der gesetzlichen Krankenversicherung bei Schwangerschaft und Mutterschaft erforderlich sind. Entsprechendes gilt zugunsten einer Frau, die nicht in der gesetzlichen Krankenversicherung versichert ist.

(2) Der Arbeitgeber hat eine stillende Frau auf ihr Verlangen während der ersten zwölf Monate nach der Entbindung für die zum Stillen erforderliche Zeit freizustellen, mindestens aber zweimal täglich für eine halbe Stunde oder einmal täglich für eine Stunde. Bei einer zusammenhängenden Arbeitszeit von mehr als acht Stunden soll auf Verlangen der Frau zweimal eine Stillzeit von mindestens 45 Minuten oder, wenn in der Nähe der Arbeitsstätte keine Stillgelegenheit vorhanden ist, einmal eine Stillzeit von mindestens 90 Minuten gewährt werden. Die Arbeitszeit gilt als zusammenhängend, wenn sie nicht durch eine Ruhepause von mehr als zwei Stunden unterbrochen wird.

§ 17 MuSchGKündigungsverbot

(1) Die Kündigung gegenüber einer Frau ist unzulässig

1. während ihrer Schwangerschaft,
2. bis zum Ablauf von vier Monaten nach einer Fehlgeburt nach der zwölften Schwangerschaftswoche und
3. bis zum Ende ihrer Schutzfrist nach der Entbindung, mindestens jedoch bis zum Ablauf von vier Monaten nach der Entbindung,

wenn dem Arbeitgeber zum Zeitpunkt der Kündigung die Schwangerschaft, die Fehlgeburt nach der zwölften Schwangerschaftswoche oder die Entbindung bekannt ist oder wenn sie ihm innerhalb von zwei Wochen nach Zugang der Kündigung mitgeteilt wird. Das Überschreiten dieser Frist ist unschädlich, wenn die Überschreitung auf einem von der Frau nicht zu vertretenden Grund beruht und die Mitteilung unverzüglich nachgeholt wird. Die Sätze 1 und 2 gelten entsprechend für Vorbereitungsmaßnahmen des Arbeitgebers, die er im Hinblick auf eine Kündigung der Frau trifft.

(2) Die für den Arbeitsschutz zuständige oberste Landesbehörde oder die von ihr bestimmte Stelle kann in besonderen Fällen, die nicht mit dem Zustand der Frau in der Schwangerschaft, nach einer Fehlgeburt nach der zwölften Schwangerschaftswoche oder nach der Entbindung in Zusammenhang stehen, ausnahmsweise die Kündigung für zulässig erklären. Die Kündigung bedarf der Schriftform und muss den Kündigungsgrund angeben.

(3) Der Auftraggeber oder Zwischenmeister darf eine in Heimarbeit beschäftigte Frau in den Fristen nach Absatz 1 Satz 1 nicht gegen ihren Willen bei der Ausgabe von Heimarbeit ausschließen; die §§ 3, 8, 11, 12, 13 Absatz 2 und § 16 bleiben unberührt. Absatz 1 gilt auch für eine Frau, die der in Heimarbeit beschäftigten Frau gleichgestellt ist und deren Gleichstellung sich auch auf § 29 des Heimarbeitsgesetzes erstreckt. Absatz 2 gilt für eine in Heimarbeit beschäftigte Frau und eine ihr Gleichgestellte entsprechend.

7. Gesetz über die Zahlung des Arbeitsentgelts an Feiertagen und im Krankheitsfall (Entgeltfortzahlungsgesetz)

§ 5 EntgFG Anzeige- und Nachweispflichten

(1) Der Arbeitnehmer ist verpflichtet, dem Arbeitgeber die Arbeitsunfähigkeit und deren voraussichtliche Dauer unverzüglich mitzuteilen. Dauert die Arbeitsunfähigkeit länger als drei Kalendertage, hat der Arbeitnehmer eine

ärztliche Bescheinigung über das Bestehen der Arbeitsunfähigkeit sowie deren voraussichtliche Dauer spätestens an dem darauffolgenden Arbeitstag vorzulegen. Der Arbeitgeber ist berechtigt, die Vorlage der ärztlichen Bescheinigung früher zu verlangen. Dauert die Arbeitsunfähigkeit länger als in der Bescheinigung angegeben, ist der Arbeitnehmer verpflichtet, eine neue ärztliche Bescheinigung vorzulegen. Ist der Arbeitnehmer Mitglied einer gesetzlichen Krankenkasse, muß die ärztliche Bescheinigung einen Vermerk des behandelnden Arztes darüber enthalten, daß der Krankenkasse unverzüglich eine Bescheinigung über die Arbeitsunfähigkeit mit Angaben über den Befund und die voraussichtliche Dauer der Arbeitsunfähigkeit übersandt wird.

(2) Hält sich der Arbeitnehmer bei Beginn der Arbeitsunfähigkeit im Ausland auf, so ist er verpflichtet, dem Arbeitgeber die Arbeitsunfähigkeit, deren voraussichtliche Dauer und die Adresse am Aufenthaltsort in der schnellstmöglichen Art der Übermittlung mitzuteilen. Die durch die Mitteilung entstehenden Kosten hat der Arbeitgeber zu tragen. Darüber hinaus ist der Arbeitnehmer, wenn er Mitglied einer gesetzlichen Krankenkasse ist, verpflichtet, auch dieser die Arbeitsunfähigkeit und deren voraussichtliche Dauer unverzüglich anzuzeigen. Dauert die Arbeitsunfähigkeit länger als angezeigt, so ist der Arbeitnehmer verpflichtet, der gesetzlichen Krankenkasse die voraussichtliche Fortdauer der Arbeitsunfähigkeit mitzuteilen. Die gesetzlichen Krankenkassen können festlegen, daß der Arbeitnehmer Anzeige- und Mitteilungspflichten nach den Sätzen 3 und 4 auch gegenüber einem ausländischen Sozialversicherungsträger erfüllen kann. Absatz 1 Satz 5 gilt nicht. Kehrt ein arbeitsunfähig erkrankter Arbeitnehmer in das Inland zurück, so ist er verpflichtet, dem Arbeitgeber und der Krankenkasse seine Rückkehr unverzüglich anzuzeigen.

8. Betriebsverfassungsgesetz

§ 87 BetrVG Mitbestimmungsrechte

(1) Der Betriebsrat hat, soweit eine gesetzliche oder tarifliche Regelung nicht besteht, in folgenden Angelegenheiten mitzubestimmen:

1. Fragen der Ordnung des Betriebs und des Verhaltens der Arbeitnehmer im Betrieb;
2. Beginn und Ende der täglichen Arbeitszeit einschließlich der Pausen sowie Verteilung der Arbeitszeit auf die einzelnen Wochentage;
3. vorübergehende Verkürzung oder Verlängerung der betriebsüblichen Arbeitszeit;

4. Zeit, Ort und Art der Auszahlung der Arbeitsentgelte;
5. Aufstellung allgemeiner Urlaubsgrundsätze und des Urlaubsplans sowie die Festsetzung der zeitlichen Lage des Urlaubs für einzelne Arbeitnehmer, wenn zwischen dem Arbeitgeber und den beteiligten Arbeitnehmern kein Einverständnis erzielt wird;
6. Einführung und Anwendung von technischen Einrichtungen, die dazu bestimmt sind, das Verhalten oder die Leistung der Arbeitnehmer zu überwachen;
7. Regelungen über die Verhütung von Arbeitsunfällen und Berufskrankheiten sowie über den Gesundheitsschutz im Rahmen der gesetzlichen Vorschriften oder der Unfallverhütungsvorschriften;
8. Form, Ausgestaltung und Verwaltung von Sozialeinrichtungen, deren Wirkungsbereich auf den Betrieb, das Unternehmen oder den Konzern beschränkt ist;
9. Zuweisung und Kündigung von Wohnräumen, die den Arbeitnehmern mit Rücksicht auf das Bestehen eines Arbeitsverhältnisses vermietet werden, sowie die allgemeine Festlegung der Nutzungsbedingungen;
10. Fragen der betrieblichen Lohngestaltung, insbesondere die Aufstellung von Entlohnungsgrundsätzen und die Einführung und Anwendung von neuen Entlohnungsmethoden sowie deren Änderung;
11. Festsetzung der Akkord- und Prämiensätze und vergleichbarer leistungsbezogener Entgelte, einschließlich der Geldfaktoren;
12. Grundsätze über das betriebliche Vorschlagswesen;
13. Grundsätze über die Durchführung von Gruppenarbeit; Gruppenarbeit im Sinne dieser Vorschrift liegt vor, wenn im Rahmen des betrieblichen Arbeitsablaufs eine Gruppe von Arbeitnehmern eine ihr übertragene Gesamtaufgabe im Wesentlichen eigenverantwortlich erledigt.

(2) Kommt eine Einigung über eine Angelegenheit nach Absatz 1 nicht zustande, so entscheidet die Einigungsstelle. Der Spruch der Einigungsstelle ersetzt die Einigung zwischen Arbeitgeber und Betriebsrat.

9. Gesetz über Teilzeitarbeit und befristete Arbeitsverträge (Teilzeit- und Befristungsgesetz – TzBfG)

§ 14 Zulässigkeit der Befristung

(1) Die Befristung eines Arbeitsvertrages ist zulässig, wenn sie durch einen sachlichen Grund gerechtfertigt ist. Ein sachlicher Grund liegt insbesondere vor, wenn

1. der betriebliche Bedarf an der Arbeitsleistung nur vorübergehend besteht,
2. die Befristung im Anschluss an eine Ausbildung oder ein Studium erfolgt, um den Übergang des Arbeitnehmers in eine Anschlussbeschäftigung zu erleichtern,
3. der Arbeitnehmer zur Vertretung eines anderen Arbeitnehmers beschäftigt wird,
4. die Eigenart der Arbeitsleistung die Befristung rechtfertigt,
5. die Befristung zur Erprobung erfolgt,
6. in der Person des Arbeitnehmers liegende Gründe die Befristung rechtfertigen,
7. der Arbeitnehmer aus Haushaltsmitteln vergütet wird, die haushaltsrechtlich für eine befristete Beschäftigung bestimmt sind, und er entsprechend beschäftigt wird oder
8. die Befristung auf einem gerichtlichen Vergleich beruht.

(2) Die kalendermäßige Befristung eines Arbeitsvertrages ohne Vorliegen eines sachlichen Grundes ist bis zur Dauer von zwei Jahren zulässig; bis zu dieser Gesamtdauer von zwei Jahren ist auch die höchstens dreimalige Verlängerung eines kalendermäßig befristeten Arbeitsvertrages zulässig. Eine Befristung nach Satz 1 ist nicht zulässig, wenn mit demselben Arbeitgeber bereits zuvor ein befristetes oder unbefristetes Arbeitsverhältnis bestanden hat. Durch Tarifvertrag kann die Anzahl der Verlängerungen oder die Höchstdauer der Befristung abweichend von Satz 1 festgelegt werden. Im Geltungsbereich eines solchen Tarifvertrages können nicht tarifgebundene Arbeitgeber und Arbeitnehmer die Anwendung der tariflichen Regelungen vereinbaren.

(2a) In den ersten vier Jahren nach der Gründung eines Unternehmens ist die kalendermäßige Befristung eines Arbeitsvertrages ohne Vorliegen eines sachlichen Grundes bis zur Dauer von vier Jahren zulässig; bis zu dieser Gesamtdauer von vier Jahren ist auch die mehrfache Verlängerung eines kalendermäßig befristeten Arbeitsvertrages zulässig. Dies gilt nicht für Neugründungen im Zusammenhang mit der rechtlichen Umstrukturierung von Unternehmen und Konzernen. Maßgebend für den Zeitpunkt der Gründung des Unternehmens ist die Aufnahme einer Erwerbstätigkeit, die nach § 138 der Abgabenordnung der Gemeinde oder dem Finanzamt mitzuteilen ist. Auf die Befristung eines Arbeitsvertrages nach Satz 1 findet Absatz 2 Satz 2 bis 4 entsprechende Anwendung.

(3) Die kalendermäßige Befristung eines Arbeitsvertrages ohne Vorliegen eines sachlichen Grundes ist bis zu einer Dauer von fünf Jahren zulässig,

wenn der Arbeitnehmer bei Beginn des befristeten Arbeitsverhältnisses das 52. Lebensjahr vollendet hat und unmittelbar vor Beginn des befristeten Arbeitsverhältnisses mindestens vier Monate beschäftigungslos im Sinne des § 138 Absatz 1 Nummer 1 des Dritten Buches Sozialgesetzbuch gewesen ist, Transferkurzarbeitergeld bezogen oder an einer öffentlich geförderten Beschäftigungsmaßnahme nach dem Zweiten oder Dritten Buch Sozialgesetzbuch teilgenommen hat. Bis zu der Gesamtdauer von fünf Jahren ist auch die mehrfache Verlängerung des Arbeitsvertrages zulässig.

(4) Die Befristung eines Arbeitsvertrages bedarf zu ihrer Wirksamkeit der Schriftform.

10. Gesetz zum Schutz vor schädlichen Umwelteinwirkungen durch Luftverunreinigungen, Geräusche, Erschütterungen und ähnliche Vorgänge (Bundes-Immissionsschutzgesetz – BImSchG)

§ 22 BImSchG Pflichten der Betreiber nicht genehmigungsbedürftiger Anlagen

(1) Nicht genehmigungsbedürftige Anlagen sind so zu errichten und zu betreiben, dass

1. schädliche Umwelteinwirkungen verhindert werden, die nach dem Stand der Technik vermeidbar sind,

2. nach dem Stand der Technik unvermeidbare schädliche Umwelteinwirkungen auf ein Mindestmaß beschränkt werden und

3. die beim Betrieb der Anlagen entstehenden Abfälle ordnungsgemäß beseitigt werden können.

Die Bundesregierung wird ermächtigt, nach Anhörung der beteiligten Kreise (§ 51) durch Rechtsverordnung mit Zustimmung des Bundesrates auf Grund der Art oder Menge aller oder einzelner anfallender Abfälle die Anlagen zu bestimmen, für die die Anforderungen des § 5 Absatz 1 Nummer 3 entsprechend gelten. Für Anlagen, die nicht gewerblichen Zwecken dienen und nicht im Rahmen wirtschaftlicher Unternehmungen Verwendung finden, gilt die Verpflichtung des Satzes 1 nur, soweit sie auf die Verhinderung oder Beschränkung von schädlichen Umwelteinwirkungen durch Luftverunreinigungen, Geräusche oder von Funkanlagen ausgehende nichtionisierende Strahlen gerichtet ist.

(1a) Geräuscheinwirkungen, die von Kindertageseinrichtungen, Kinderspielplätzen und ähnlichen Einrichtungen wie beispielsweise Ballspielplätzen durch Kinder hervorgerufen werden, sind im Regelfall keine schädliche Umwelteinwirkung. Bei der Beurteilung der Geräuscheinwirkungen dürfen Immissionsgrenz- und -richtwerte nicht herangezogen werden.

(2) Weitergehende öffentlich-rechtliche Vorschriften bleiben unberührt.

11. Telemediengesetz (TMG)

§ 5 Allgemeine Informationspflichten

(1) Diensteanbieter haben für geschäftsmäßige, in der Regel gegen Entgelt angebotene Telemedien folgende Informationen leicht erkennbar, unmittelbar erreichbar und ständig verfügbar zu halten:

1. den Namen und die Anschrift, unter der sie niedergelassen sind, bei juristischen Personen zusätzlich die Rechtsform, den Vertretungsberechtigten und, sofern Angaben über das Kapital der Gesellschaft gemacht werden, das Stamm- oder Grundkapital sowie, wenn nicht alle in Geld zu leistenden Einlagen eingezahlt sind, der Gesamtbetrag der ausstehenden Einlagen,

2. Angaben, die eine schnelle elektronische Kontaktaufnahme und unmittelbare Kommunikation mit ihnen ermöglichen, einschließlich der Adresse der elektronischen Post,

3. soweit der Dienst im Rahmen einer Tätigkeit angeboten oder erbracht wird, die der behördlichen Zulassung bedarf, Angaben zur zuständigen Aufsichtsbehörde,

4. das Handelsregister, Vereinsregister, Partnerschaftsregister oder Genossenschaftsregister, in das sie eingetragen sind, und die entsprechende Registernummer,

5. soweit der Dienst in Ausübung eines Berufs im Sinne von Artikel 1 Buchstabe d der Richtlinie 89/48/EWG des Rates vom 21. Dezember 1988 über eine allgemeine Regelung zur Anerkennung der Hochschuldiplome, die eine mindestens dreijährige Berufsausbildung abschließen (ABl. EG Nr. L 19 S. 16), oder im Sinne von Artikel 1 Buchstabe f der Richtlinie 92/51/EWG des Rates vom 18. Juni 1992 über eine zweite allgemeine Regelung zur Anerkennung beruflicher Befähigungsnachweise in Ergänzung zur Richtlinie 89/48/EWG (ABl. EG Nr. L 209 S. 25, 1995 Nr. L 17 S. 20), zuletzt geändert durch die Richtlinie 97/38/EG der Kommission vom 20. Juni 1997 (ABl. EG Nr. L 184 S. 31), angeboten oder erbracht wird, Angaben über
   a)   die Kammer, welcher die Diensteanbieter angehören,

b) die gesetzliche Berufsbezeichnung und den Staat, in dem die Berufsbezeichnung verliehen worden ist,

c) die Bezeichnung der berufsrechtlichen Regelungen und dazu, wie diese zugänglich sind,

6. in Fällen, in denen sie eine Umsatzsteueridentifikationsnummer nach § 27a des Umsatzsteuergesetzes oder eine Wirtschafts-Identifikationsnummer nach § 139c der Abgabenordnung besitzen, die Angabe dieser Nummer,

7. bei Aktiengesellschaften, Kommanditgesellschaften auf Aktien und Gesellschaften mit beschränkter Haftung, die sich in Abwicklung oder Liquidation befinden, die Angabe hierüber.

(2) Weitergehende Informationspflichten nach anderen Rechtsvorschriften bleiben unberührt.

12. Allgemeines Gleichbehandlungsgesetzt (AGG)

§ 1 Ziel des Gesetzes

Ziel des Gesetzes ist, Benachteiligungen aus Gründen der Rasse oder wegen der ethnischen Herkunft, des Geschlechts, der Religion oder Weltanschauung, einer Behinderung, des Alters oder der sexuellen Identität zu verhindern oder zu beseitigen.

§ 2 Anwendungsbereich

(1) Benachteiligungen aus einem in § 1 genannten Grund sind nach Maßgabe dieses Gesetzes unzulässig in Bezug auf:

1. die Bedingungen, einschließlich Auswahlkriterien und Einstellungsbedingungen, für den Zugang zu unselbstständiger und selbstständiger Erwerbstätigkeit, unabhängig von Tätigkeitsfeld und beruflicher Position, sowie für den beruflichen Aufstieg,

2. die Beschäftigungs- und Arbeitsbedingungen einschließlich Arbeitsentgelt und Entlassungsbedingungen, insbesondere in individual- und kollektivrechtlichen Vereinbarungen und Maßnahmen bei der Durchführung und Beendigung eines Beschäftigungsverhältnisses sowie beim beruflichen Aufstieg,

3. den Zugang zu allen Formen und allen Ebenen der Berufsberatung, der Berufsbildung einschließlich der Berufsausbildung, der beruflichen Weiterbildung und der Umschulung sowie der praktischen Berufserfahrung,

4. die Mitgliedschaft und Mitwirkung in einer Beschäftigten- oder Arbeitgebervereinigung oder einer Vereinigung, deren Mitglieder einer bestimmten Berufsgruppe angehören, einschließlich der Inanspruchnahme der Leistungen solcher Vereinigungen,

5. den Sozialschutz, einschließlich der sozialen Sicherheit und der Gesundheitsdienste,

6. die sozialen Vergünstigungen,

7. die Bildung,

8. den Zugang zu und die Versorgung mit Gütern und Dienstleistungen, die der Öffentlichkeit zur Verfügung stehen, einschließlich von Wohnraum.

(2) Für Leistungen nach dem Sozialgesetzbuch gelten § 33c des Ersten Buches Sozialgesetzbuch und § 19a des Vierten Buches Sozialgesetzbuch. Für die betriebliche Altersvorsorge gilt das Betriebsrentengesetz.

(3) Die Geltung sonstiger Benachteiligungsverbote oder Gebote der Gleichbehandlung wird durch dieses Gesetz nicht berührt. Dies gilt auch für öffentlich-rechtliche Vorschriften, die dem Schutz bestimmter Personengruppen dienen.

(4) Für Kündigungen gelten ausschließlich die Bestimmungen zum allgemeinen und besonderen Kündigungsschutz.

§ 3 Begriffsbestimmungen

(1) Eine unmittelbare Benachteiligung liegt vor, wenn eine Person wegen eines in § 1 genannten Grundes eine weniger günstige Behandlung erfährt, als eine andere Person in einer vergleichbaren Situation erfährt, erfahren hat oder erfahren würde. Eine unmittelbare Benachteiligung wegen des Geschlechts liegt in Bezug auf § 2 Abs. 1 Nr. 1 bis 4 auch im Falle einer ungünstigeren Behandlung einer Frau wegen Schwangerschaft oder Mutterschaft vor.

(2) Eine mittelbare Benachteiligung liegt vor, wenn dem Anschein nach neutrale Vorschriften, Kriterien oder Verfahren Personen wegen eines in § 1 genannten Grundes gegenüber anderen Personen in besonderer Weise benachteiligen können, es sei denn, die betreffenden Vorschriften, Kriterien oder Verfahren sind durch ein rechtmäßiges Ziel sachlich gerechtfertigt und die Mittel sind zur Erreichung dieses Ziels angemessen und erforderlich.

(3) Eine Belästigung ist eine Benachteiligung, wenn unerwünschte Verhaltensweisen, die mit einem in § 1 genannten Grund in Zusammenhang

stehen, bezwecken oder bewirken, dass die Würde der betreffenden Person verletzt und ein von Einschüchterungen, Anfeindungen, Erniedrigungen, Entwürdigungen oder Beleidigungen gekennzeichnetes Umfeld geschaffen wird.

(4) Eine sexuelle Belästigung ist eine Benachteiligung in Bezug auf § 2 Abs. 1 Nr. 1 bis 4, wenn ein unerwünschtes, sexuell bestimmtes Verhalten, wozu auch unerwünschte sexuelle Handlungen und Aufforderungen zu diesen, sexuell bestimmte körperliche Berührungen, Bemerkungen sexuellen Inhalts sowie unerwünschtes Zeigen und sichtbares Anbringen von pornographischen Darstellungen gehören, bezweckt oder bewirkt, dass die Würde der betreffenden Person verletzt wird, insbesondere wenn ein von Einschüchterungen, Anfeindungen, Erniedrigungen, Entwürdigungen oder Beleidigungen gekennzeichnetes Umfeld geschaffen wird.

(5) Die Anweisung zur Benachteiligung einer Person aus einem in § 1 genannten Grund gilt als Benachteiligung. Eine solche Anweisung liegt in Bezug auf § 2 Abs. 1 Nr. 1 bis 4 insbesondere vor, wenn jemand eine Person zu einem Verhalten bestimmt, das einen Beschäftigten oder eine Beschäftigte wegen eines in § 1 genannten Grundes benachteiligt oder benachteiligen kann.

§ 4 Unterschiedliche Behandlung wegen mehrerer Gründe

Erfolgt eine unterschiedliche Behandlung wegen mehrerer der in § 1 genannten Gründe, so kann diese unterschiedliche Behandlung nach den §§ 8 bis 10 und 20 nur gerechtfertigt werden, wenn sich die Rechtfertigung auf alle diese Gründe erstreckt, derentwegen die unterschiedliche Behandlung erfolgt.

§ 5 Positive Maßnahmen

Ungeachtet der in den §§ 8 bis 10 sowie in § 20 benannten Gründe ist eine unterschiedliche Behandlung auch zulässig, wenn durch geeignete und angemessene Maßnahmen bestehende Nachteile wegen eines in § 1 genannten Grundes verhindert oder ausgeglichen werden sollen.

§ 6 Persönlicher Anwendungsbereich

(1) Beschäftigte im Sinne dieses Gesetzes sind
1. Arbeitnehmerinnen und Arbeitnehmer,
2. die zu ihrer Berufsbildung Beschäftigten,

3. Personen, die wegen ihrer wirtschaftlichen Unselbstständigkeit als arbeitnehmerähnliche Personen anzusehen sind; zu diesen gehören auch die in Heimarbeit Beschäftigten und die ihnen Gleichgestellten.

Als Beschäftigte gelten auch die Bewerberinnen und Bewerber für ein Beschäftigungsverhältnis sowie die Personen, deren Beschäftigungsverhältnis beendet ist.

(2) Arbeitgeber (Arbeitgeber und Arbeitgeberinnen) im Sinne dieses Abschnitts sind natürliche und juristische Personen sowie rechtsfähige Personengesellschaften, die Personen nach Absatz 1 beschäftigen. Werden Beschäftigte einem Dritten zur Arbeitsleistung überlassen, so gilt auch dieser als Arbeitgeber im Sinne dieses Abschnitts. Für die in Heimarbeit Beschäftigten und die ihnen Gleichgestellten tritt an die Stelle des Arbeitgebers der Auftraggeber oder Zwischenmeister.

(3) Soweit es die Bedingungen für den Zugang zur Erwerbstätigkeit sowie den beruflichen Aufstieg betrifft, gelten die Vorschriften dieses Abschnitts für Selbstständige und Organmitglieder, insbesondere Geschäftsführer oder Geschäftsführerinnen und Vorstände, entsprechend.

§ 7 Benachteiligungsverbot

(1) Beschäftigte dürfen nicht wegen eines in § 1 genannten Grundes benachteiligt werden; dies gilt auch, wenn die Person, die die Benachteiligung begeht, das Vorliegen eines in § 1 genannten Grundes bei der Benachteiligung nur annimmt.

(2) Bestimmungen in Vereinbarungen, die gegen das Benachteiligungsverbot des Absatzes 1 verstoßen, sind unwirksam.

(3) Eine Benachteiligung nach Absatz 1 durch Arbeitgeber oder Beschäftigte ist eine Verletzung vertraglicher Pflichten.

§ 8 Zulässige unterschiedliche Behandlung wegen beruflicher Anforderungen

(1) Eine unterschiedliche Behandlung wegen eines in § 1 genannten Grundes ist zulässig, wenn dieser Grund wegen der Art der auszuübenden Tätigkeit oder der Bedingungen ihrer Ausübung eine wesentliche und entscheidende berufliche Anforderung darstellt, sofern der Zweck rechtmäßig und die Anforderung angemessen ist.

(2) Die Vereinbarung einer geringeren Vergütung für gleiche oder gleichwertige Arbeit wegen eines in § 1 genannten Grundes wird nicht dadurch

gerechtfertigt, dass wegen eines in § 1 genannten Grundes besondere Schutzvorschriften gelten.

§ 9 Zulässige unterschiedliche Behandlung wegen der Religion oder Weltanschauung

(1) Ungeachtet des § 8 ist eine unterschiedliche Behandlung wegen der Religion oder der Weltanschauung bei der Beschäftigung durch Religionsgemeinschaften, die ihnen zugeordneten Einrichtungen ohne Rücksicht auf ihre Rechtsform oder durch Vereinigungen, die sich die gemeinschaftliche Pflege einer Religion oder Weltanschauung zur Aufgabe machen, auch zulässig, wenn eine bestimmte Religion oder Weltanschauung unter Beachtung des Selbstverständnisses der jeweiligen Religionsgemeinschaft oder Vereinigung im Hinblick auf ihr Selbstbestimmungsrecht oder nach der Art der Tätigkeit eine gerechtfertigte berufliche Anforderung darstellt.

(2) Das Verbot unterschiedlicher Behandlung wegen der Religion oder der Weltanschauung berührt nicht das Recht der in Absatz 1 genannten Religionsgemeinschaften, der ihnen zugeordneten Einrichtungen ohne Rücksicht auf ihre Rechtsform oder der Vereinigungen, die sich die gemeinschaftliche Pflege einer Religion oder Weltanschauung zur Aufgabe machen, von ihren Beschäftigten ein loyales und aufrichtiges Verhalten im Sinne ihres jeweiligen Selbstverständnisses verlangen zu können.

§ 10 Zulässige unterschiedliche Behandlung wegen des Alters

Ungeachtet des § 8 ist eine unterschiedliche Behandlung wegen des Alters auch zulässig, wenn sie objektiv und angemessen und durch ein legitimes Ziel gerechtfertigt ist. Die Mittel zur Erreichung dieses Ziels müssen angemessen und erforderlich sein. Derartige unterschiedliche Behandlungen können insbesondere Folgendes einschließen:

1. die Festlegung besonderer Bedingungen für den Zugang zur Beschäftigung und zur beruflichen Bildung sowie besonderer Beschäftigungs- und Arbeitsbedingungen, einschließlich der Bedingungen für Entlohnung und Beendigung des Beschäftigungsverhältnisses, um die berufliche Eingliederung von Jugendlichen, älteren Beschäftigten und Personen mit Fürsorgepflichten zu fördern oder ihren Schutz sicherzustellen,

2. die Festlegung von Mindestanforderungen an das Alter, die Berufserfahrung oder das Dienstalter für den Zugang zur Beschäftigung oder für bestimmte mit der Beschäftigung verbundene Vorteile,

3. die Festsetzung eines Höchstalters für die Einstellung auf Grund der spezifischen Ausbildungsanforderungen eines bestimmten Arbeitsplatzes oder auf Grund der Notwendigkeit einer angemessenen Beschäftigungszeit vor dem Eintritt in den Ruhestand,

4. die Festsetzung von Altersgrenzen bei den betrieblichen Systemen der sozialen Sicherheit als Voraussetzung für die Mitgliedschaft oder den Bezug von Altersrente oder von Leistungen bei Invalidität einschließlich der Festsetzung unterschiedlicher Altersgrenzen im Rahmen dieser Systeme für bestimmte Beschäftigte oder Gruppen von Beschäftigten und die Verwendung von Alterskriterien im Rahmen dieser Systeme für versicherungsmathematische Berechnungen,

5. eine Vereinbarung, die die Beendigung des Beschäftigungsverhältnisses ohne Kündigung zu einem Zeitpunkt vorsieht, zu dem der oder die Beschäftigte eine Rente wegen Alters beantragen kann; § 41 des Sechsten Buches Sozialgesetzbuch bleibt unberührt,

6. Differenzierungen von Leistungen in Sozialplänen im Sinne des Betriebsverfassungsgesetzes, wenn die Parteien eine nach Alter oder Betriebszugehörigkeit gestaffelte Abfindungsregelung geschaffen haben, in der die wesentlich vom Alter abhängenden Chancen auf dem Arbeitsmarkt durch eine verhältnismäßig starke Betonung des Lebensalters erkennbar berücksichtigt worden sind, oder Beschäftigte von den Leistungen des Sozialplans ausgeschlossen haben, die wirtschaftlich abgesichert sind, weil sie, gegebenenfalls nach Bezug von Arbeitslosengeld, rentenberechtigt sind.

Über die Autorin

Anna Müller-Kabisch (Jahrgang 85) lebt und arbeitet in Berlin als Leiterin der Rechtsabteilung bei einem bundesweit tätigen Kitaträger. Nach ihrem Studium der Rechtswissenschaften an der Freien Universität Berlin, an der Humboldt Universität Berlin und an der National and Kapodistrian University of Athens absolvierte Anna Müller-Kabisch ihr Referendariat in Berlin und Moskau.

Seit Beginn ihrer beruflichen Tätigkeit im Jahr 2013 ist sie durchgängig für Träger von Bildungseinrichtungen tätig. Nebenberuflich berät sie als selbständige Rechtsanwältin juristische Personen und Privatpersonen in allen Fragen des Zivilrechts und des öffentlichen Rechts und hält Vorträge und Schulungen für Bildungseinrichtungen.

Kontakt: Anna Müller-Kabisch, **kanzlei@mueller-kabisch.de**

Literaturverzeichnis

Alle relevanten Gesetzestexte sind auf der Website https://dejure.org/(letzter Abruf 13.09.2017) veröffentlicht.

Palandt, Otto: Kommentar zum Bürgerlichen Gesetzbuch, 77. Aufl., 2017.

Henssler, Willemsen, Kalb: Arbeitsrecht Kommentar, 7. Aufl., 2016.

Deutsche Gesetzliche Unfallversicherung: GUV-Informationen Außenspielflächen und Spielplatzgeräte, abrufbar unter http://publikationen.dguv.de/dguv/pdf/10002/si-8017.pdf (letzter Abruf 13.09.2017).

Deutsche Gesetzliche Unfallversicherung: GUV-Information »Vorsicht Zecken«, abrufbar unter http://publikationen.dguv.de/dguv/pdf/10002/214–078.pdf (letzter Abruf 13.09.2017).

Robert Koch Institut: Belehrungsbogen gemäß § 34 Abs. 5 S. 2 IfSG, abrufbar unter http://www.rki.de/DE/Content/Infekt/IfSG/Belehrungsbogen/belehrungsbogen_node.html. (letzter Abruf 13.09.2017).

Stichwortverzeichnis

Recht haben
in Rechtsfragen!

Anne Haarmann

Rechtssicher durch den Kita-Alltag

Printinformationsdienst
12 Ausgaben + 2 Sonderausgaben, ISSN 2197-6309

138,60 € pro Jahr

Wann endet eigentlich meine **Aufsichtspflicht als Kitaleitung?** Der kleine Julius kommt krank in die Kita. Muss ich ihn wieder nach Hause schicken? Darf ich meine Schützlinge in meinem Auto mitnehmen, wenn die Eltern sich verspäten? **Rechtliche Unsicherheiten** gehören für Sie als Kitaleitung zum Arbeitsalltag und meistens fehlt Ihnen der richtige Ansprechpartner für Ihre ganz konkreten Rechtsfragen.

Mit dem Profi-Ratgeber für Kitaleitungen „Rechtssicher durch den Kita-Alltag" erhalten Sie jetzt genau die **Rechtsinformationen, die Sie wirklich brauchen –** kompakt, praxisnah und verständlich aufbereitet!

Aus dem Inhalt:

- Beispiele aus Praxis
- Sie fragen, die Expertin antwortet
- Wichtige Checklisten auf einen Blick
- Expertentipps für die Praxis
- Relevante Urteile für Ihre tägliche Praxis
- Kurzzusammenfassungen und Handlungstipps

Zu beziehen über Ihre Buchhandlung oder direkt beim Verlag.

SHOP 🛒 www.kita-aktuell.de

 Wolters Kluwer

Wolters Kluwer Deutschland GmbH ▪ Güterstraße 8 ▪ 96317 Kronach
Telefon 0800 6644531 ▪ Telefax 09261 9694111
www.kita-aktuell.de ▪ kita@wolterskluwer.de